はじめに

おじゃまします。
いやあ、いらっしゃい。
今《いま》、みんなで仕事《しごと》の話《はなし》をしていたんだ。
ふーん。
僕《ぼく》は小学校《しょうがっこう》のときから漫画《まんが》をかくのが好《す》きで、こうして漫画家《まんがか》になったんだけど…
まあ、夢《ゆめ》がかなったとも言《い》えるね。
みんなは将来《しょうらい》何《なに》になりたい？
僕《ぼく》は今《いま》、少年野球《しょうねんやきゅう》をしているから、野球選手《やきゅうせんしゅ》がいいなあ。
あたしは、お花屋《はなや》さんになりたいの。
僕《ぼく》はよくわからないや。
あたしも。
たぶん決《き》まっていないこどもの方《ほう》が多《おお》いだろうね。

ひと口《くち》に仕事《しごと》と言《い》っても、たくさんあるからね。
町《まち》のようすを思《おも》い出《だ》してごらん。
DPE
フラワー
八百屋
うどん
八百屋（やおや）
KŌBAN
肉店《にくてん》

うん。いっぱいある。
日本《にほん》には2000から3000種類《しゅるい》の仕事《しごと》があるといわれているよ。
えーっ！そんなに？
じゃあ、どうして仕事《しごと》ってするんだろう？
お金《かね》をかせぐため。
そうそう。
そう！「生計《せいけい》を立《た》てる」ためだね。
でも、お金《かね》をかせぐために、いやいや仕事《しごと》をするのはつらいよね。
うん。
やっぱり「仕事《しごと》に生《い》きがいを感《かん》じる」ことじゃないかな。
そして、「自分《じぶん》のした仕事《しごと》が役《やく》に立《た》ってくれている」こと。
大《おお》きくなって希望《きぼう》の仕事《しごと》についたときのことをイメージすると楽《たの》しいよ。

ワー
ワー
ワー
ワー
でも、その仕事《しごと》についたあとも努力《どりょく》して腕《うで》をみがきつづけていかなければならない。
ふーん。仕事《しごと》って大切《たいせつ》だし、大変《たいへん》なんだなあ。
僕《ぼく》、ずっとこどものままでいたいなぁ。
そうはいかないよ。
仕事《しごと》をしないと生《い》きていくためのお金《かね》もかせげないし、生《い》きがいもなくなってしまう。
でも、まだみんなは小学生《しょうがくせい》だから、いそいで決《き》めることはないよ。
まずは学校《がっこう》の勉強《べんきょう》やスポーツなどを一生懸命《いっしょうけんめい》することだね。
じっくり、ゆっくり探《さが》していこう。
はい。

プロ野球選手《やきゅうせんしゅ》

スポーツはたくさんありますが、日本《にほん》で一番《いちばん》多《おお》くの人《ひと》に親《した》しまれているのがプロ野球《やきゅう》です。
選手《せんしゅ》のみごとなプレーに観客《かんきゃく》はおしみない声援《せいえん》をおくります。でも、そうなるには人《ひと》の何倍《なんばい》も練習《れんしゅう》しなければなりません。

プロ野球選手《やきゅうせんしゅ》の一年《いちねん》

春季《しゅんき》キャンプ　2月《がつ》

日本《にほん》や海外《かいがい》のあたたかい所《ところ》で、本格的《ほんかくてき》に練習《れんしゅう》をはじめます。

カキーン

オープン戦《せん》　3月《がつ》

開幕《かいまく》にそなえて調整《ちょうせい》をかねて試合《しあい》をします。

ワーッ
ワーッ
ワーッ

シーズン開幕《かいまく》　4月《がつ》

公式戦《こうしきせん》がはじまります。1年間《ねんかん》の試合《しあい》の日程《にってい》は、開幕前《かいまくまえ》にすべて決《き》まっています。

12
コロン

オールスター戦《せん》　7月《がつ》

セ・リーグとパ・リーグのスター選手《せんしゅ》たちが対戦《たいせん》する、夢《ゆめ》の球宴《きゅうえん》です。

パ・リーグ選抜《せんばつ》　対《たい》　セ・リーグ選抜《せんばつ》

シーズン後半戦《こうはんせん》

暑《あつ》い夏《なつ》の中《なか》、きびしい戦《たたか》いがつづきます。

日本《にほん》シリーズ　10月《がつ》

セ・パ両《りょう》リーグの優勝《ゆうしょう》チームが日本一《にほんいち》をかけて戦《たたか》います。

公式戦《こうしきせん》がおわっても、翌年《よくねん》に向《む》けて練習《れんしゅう》します。

契約更改《けいやくこうかい》　11～12月《がつ》

今季《こんき》の成績《せいせき》で来年《らいねん》の年俸《ねんぽう》（一年間《いちねんかん》の給料《きゅうりょう》）が決まります。

オフ（契約期間外《けいやくきかんがい》）です。各選手《かくせんしゅ》は自由《じゆう》にすごします。

自主《じしゅ》トレーニング　1月《がつ》～

来《らい》シーズンにむけて各選手《かくせんしゅ》は自分《じぶん》のペースでトレーニングします。

プロ野球選手《やきゅうせんしゅ》になるには、

・ドラフト会議《かいぎ》（全球団《ぜんきゅうだん》による新人選手選択会議《しんじんせんしゅせんたくかいぎ》）でプロ球団《きゅうだん》に指名《しめい》されて契約《けいやく》し、入団《にゅうだん》する。

※甲子園《こうしえん》での全国高校野球《ぜんこくこうこうやきゅう》選手権《せんしゅけん》などの大会《たいかい》に出場《しゅつじょう》して注目《ちゅうもく》されたり、高校《こうこう》や大学《だいがく》の野球部《やきゅうぶ》、ノンプロ球団《きゅうだん》（社会人《しゃかいじん》の野球《やきゅう》チーム）に所属《しょぞく》して活躍《かつやく》し、スカウトマン（有能《ゆうのう》な選手《せんしゅ》をさがし出《だ》す人《ひと》）にみとめられることで、指名《しめい》される可能性《かのうせい》が大《おお》きくなります。

・球団《きゅうだん》ごとに行《おこな》われるプロテストに合格《ごうかく》する。

プロサッカー選手《せんしゅ》

ひとつのボールを追《お》って、選手《せんしゅ》たちがエキサイティングな試合《しあい》をくり広《ひろ》げます。

1993年《ねん》（平成《へいせい》5年《ねん》）、プロサッカーのJ《じぇい》リーグができてから観客数《かんきゃくすう》もふえ、年俸《ねんぽう》もプロ野球選手《やきゅうせんしゅ》に近《ちか》づきました。

サッカーの基本《きほん》

体力《たいりょく》づくり

90分間《ぷんかん》、グラウンドを走《はし》りつづけられる体力《たいりょく》が必要《ひつよう》です。

技術練習《ぎじゅつれんしゅう》

ボールをあつかう、いろいろなテクニックを高《たか》めます。

戦術練習《せんじゅつれんしゅう》

チームで戦《たたか》うので、相手《あいて》の動《うご》きを読《よ》んで、すぐに反応《はんのう》する機敏《きびん》さが必要《ひつよう》です。

健康管理《けんこうかんり》

栄養《えいよう》のバランスのとれた食事《しょくじ》、睡眠時間《すいみんじかん》などに気《き》をくばり、体調《たいちょう》を整《ととの》えます。

ファンサービス

サポーター（ファン）をとても大切《たいせつ》にします。サイン会《かい》や写真撮影《しゃしんさつえい》の他《ほか》、ボランティアなどをすることもあります。

試合《しあい》

試合当日《しあいとうじつ》にベストコンディションになるように、練習《れんしゅう》メニューを考《かんが》えます。

プロゴルファー

お客《きゃく》さんの見《み》ている前《まえ》でゴルフの腕《うで》を競《きそ》い合《あ》います。自分《じぶん》の実力《じつりょく》だけが勝負《しょうぶ》のきびしい世界《せかい》です。ケガをしないよう、いつも気《き》をつけていなければなりません。

でも、若《わか》いときにしかできないプロスポーツが多《おお》い中《なか》で、50歳《さい》以上になっても現役《げんえき》で続《つづ》けられるのが魅力《みりょく》です。女子《じょし》プロゴルファーも多《おお》いです。

プロゴルファーの種類《しゅるい》

●ツアープレイヤー

「トーナメントプロ」、「ツアープロ」ともよばれています。トーナメント（勝《か》ち抜《ぬ》き戦《せん》）で賞金《しょうきん》をかせぎます。

●レッスンプロ

ティーチングプロともよばれています。ゴルフを教《おし》える仕事《しごと》です。（スポーツインストラクター12ページ参照《さんしょう》）

ツアープレイヤーの仕事《しごと》

日本各地《にほんかくち》のゴルフ場《じょう》で、年間約《ねんかんやく》30試合《しあい》を戦《たたか》います。男子《だんし》は3月第《がつだい》2週《しゅう》から12月《がつ》までで、ひと試合《しあい》はふつう4日間《かかん》。女子《じょし》は3月第《がつだい》1週《しゅう》から11月《がつ》までで、3日間行《かかんおこな》われます。

たくさんのギャラリー（観客《かんきゃく》）

ふつう試合前《しあいまえ》の2日間《かかん》くらい練習《れんしゅう》をします。

シーズン中《ちゅう》日本《にほん》のツアーを休《やす》んでアメリカツアー、ヨーロッパツアーなどに、出《で》かける人《ひと》もいます。

オフシーズンには体力《たいりょく》を強化《きょうか》し、コーチをつけてしっかり練習《れんしゅう》します。

キャディ

ゴルフバッグを持《も》って選手《せんしゅ》とコースをまわり、風向《かざむ》きや距離《きょり》をアドバイスします。

プロテニスプレイヤー

日本《にほん》や世界各地《せかいかくち》のテニスの大会《だいかい》に出場《しゅつじょう》して賞金《しょうきん》をかせぎます。

海外《かいがい》で試合《しあい》することも多《おお》く、その土地《とち》での気候《きこう》や食生活《しょくせいかつ》も考《かんが》えて、体調《たいちょう》を万全《まんぜん》にしていなければなりません。

プロテニスプレイヤーの種類《しゅるい》

●ツアープロ

大会《たいかい》に参加《さんか》してポイントをかせいでランキングを上《あ》げ、賞金《しょうきん》をかせぎます。

●レッスンプロ

テニスを教《おし》える仕事《しごと》です。

（スポーツインストラクター12ページ参照《さんしょう》）

ツアープロの海外遠征《かいがいえんせい》

日本《にほん》にも賞金《しょうきん》の出《で》る大会《たいかい》はありますが、数《かず》は少《すく》なく、賞金《しょうきん》も少額《しょうがく》です。

そこで、上位《じょうい》をめざすツアープロはどんどん海外《かいがい》に出《で》ていきます。

海外《かいがい》へ行《い》く費用《ひよう》や滞在費《たいざいひ》も、基本的《きほんてき》には自分持《じぶんも》ちです。体調管理《たいちょうかんり》やスケジュール管理《かんり》も自分《じぶん》でするか、人《ひと》をやとわなければなりません。

世界《せかい》ランキング上位者《じょういしゃ》がめざすのは、4大大会《だいたいかい》です。

4大大会《だいたいかい》

●全英《ぜんえい》オープン

6～7月《がつ》、イギリスのウィンブルドンで開催《かいさい》されます。

●全仏《ぜんふつ》オープン

5～6月《がつ》、フランスのパリで開催《かいさい》されます。

●全米《ぜんべい》オープン

8月《がつ》、アメリカのニューヨークで開催《かいさい》されます。

●全豪《ぜんごう》オープン

1月《がつ》、オーストラリアのメルボルンで開催《かいさい》されます。

力士《りきし》

相撲《すもう》はたいへん古《ふる》い歴史《れきし》を持《も》った日本《にほん》の国技《こくぎ》です。きたえられた体《からだ》で、はげしくぶつかりあいます。
力士《りきし》は実力《じつりょく》の世界《せかい》です。勝《か》ちつづければ昇進《しょうしん》して、お金《かね》もたくさん入《はい》ります。

相撲《すもう》の番付《ばんづけ》

左《ひだり》にいくほど格《かく》が上《うえ》です。

- 序の口《じょのくち》
- 序二段《じょにだん》
- 三段目《さんだんめ》
- 幕下《まくした》
- 十両《じゅうりょう》
- 前頭《まえがしら》＝平幕《ひらまく》
- 小結《こむすび》
- 関脇《せきわけ》
- 大関《おおぜき》
- 横綱《よこづな》

幕内《まくうち》（前頭〜横綱）
関取《せきとり》（十両〜横綱）

力士《りきし》の一日《いちにち》

朝《あさ》げいこ

朝《あさ》4時半《じはん》に起《お》き、5時《じ》から11時《じ》くらいまできびしいけいこをします。

入浴《にゅうよく》・食事《しょくじ》

そのあとお風呂《ふろ》に入《はい》り、ちゃんこ（相撲《すもう》とりがつくる食事《しょくじ》）を食《た》べます。力士《りきし》の食事《しょくじ》は一日《いちにち》2回《かい》です。

幕下《まくした》より格下《かくした》の力士《りきし》に月給《げっきゅう》はありません。そして、食事《しょくじ》や風呂《ふろ》の準備《じゅんび》、かたづけ、そうじ、洗濯《せんたく》も全部《ぜんぶ》しなければいけません。

昼寝《ひるね》

体重《たいじゅう》をふやすため、食事《しょくじ》のあとは昼寝《ひるね》をします。

グーグー

夕《ゆう》ごはん

夕方《ゆうがた》4時半《じはん》からそうじをして、夕《ゆう》ごはんを食《た》べ、そのあとは自由時間《じゆうじかん》になります。

幕下《まくした》はつらいよ…

本場所《ほんばしょ》

年《ねん》に6回《かい》、本場所《ほんばしょ》とよばれる公式《こうしき》の試合《しあい》が行《おこな》われます。その他《ほか》、地方《ちほう》への巡業《じゅんぎょう》や海外公演《かいがいこうえん》などもあります。

ワー
ワー
ワー

スポーツインストラクター

スポーツクラブなどの施設《しせつ》で、技術《ぎじゅつ》を高《たか》める、体力《たいりょく》を向上《こうじょう》させる、健康《けんこう》を保《たも》つなどの指導《しどう》をします。

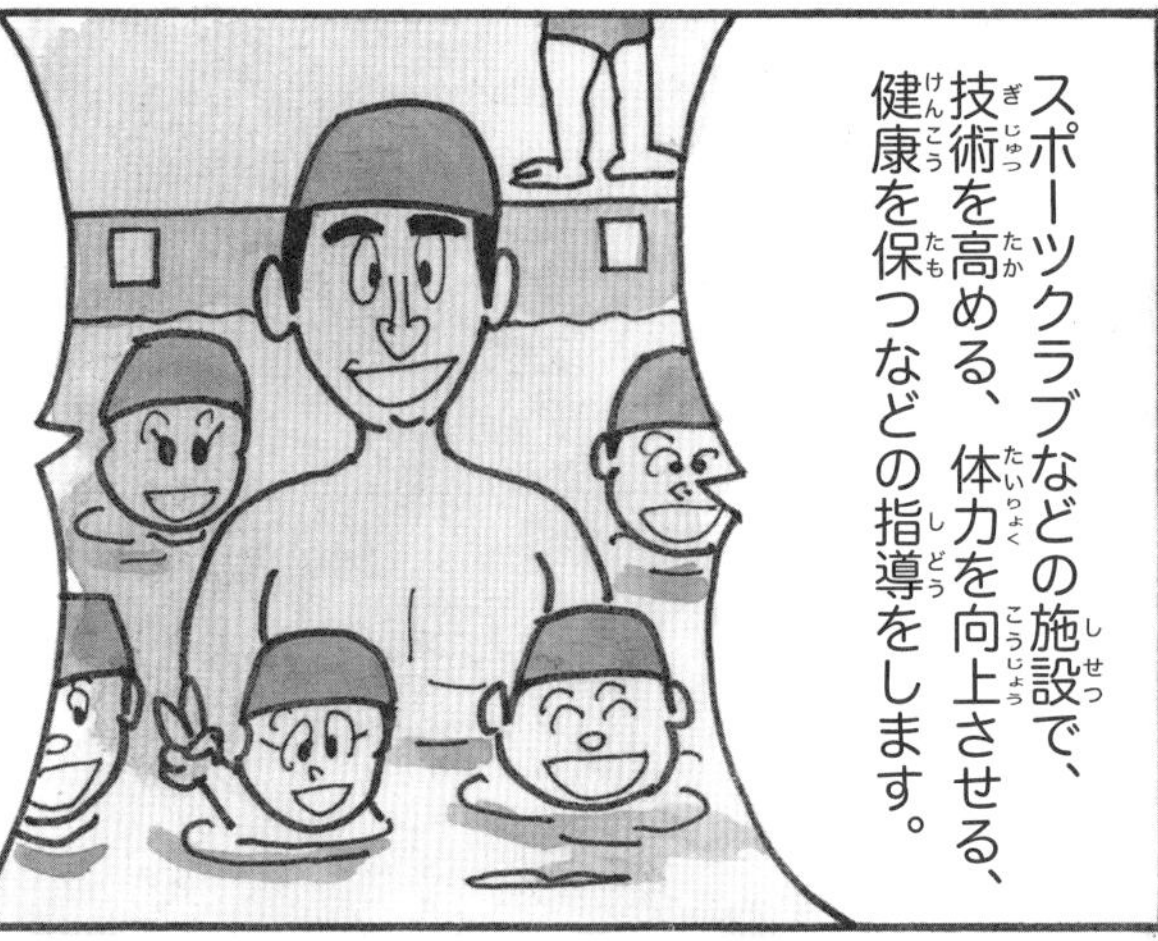

スポーツインストラクターになるには資格《しかく》はいりませんが、事故《じこ》が起《お》きないような技術《ぎじゅつ》と知識《ちしき》が必要《ひつよう》でしょう。
一般的《いっぱんてき》には、体育系《たいいくけい》の大学《だいがく》などを卒業《そつぎょう》したあと、自分《じぶん》の好《す》きなスポーツを続《つづ》けたい人《ひと》が指導員《しどういん》になることが多《おお》いようです。

インストラクターの種目《しゅもく》

●水泳《すいえい》

●テニス

●アイススケート

●スキー

●ゴルフ

●エアロビクス

それぞれの種目《しゅもく》にA級《きゅう》、B級《きゅう》、C級《きゅう》の3種類《しゅるい》があります。

主《おも》な仕事内容《しごとないよう》

その人《ひと》の体力《たいりょく》や目的《もくてき》に合《あ》わせた運動《うんどう》メニューをつくります。

その日《ひ》の健康状態《けんこうじょうたい》を見《み》て、事故《じこ》やケガがないように気《き》を配《くば》ります。

なにより、スポーツを楽《たの》しんでもらう努力《どりょく》をします。

その他《た》のプロスポーツ

●ボクシング

プロボクサーになるには、日本《にほん》プロボクシング協会《きょうかい》（ＪＰＢＡ）加盟《かめい》のジムに所属《しょぞく》し、プロテストに合格《ごうかく》しなければいけません。一般的《いっぱんてき》な受験《じゅけん》までの期間《きかん》は、半年《はんとし》～1年程度《ねんていど》です。この間《あいだ》、内容《ないよう》の濃《こ》いトレーニングをおこなう必要《ひつよう》があります。

ボクシングのライセンスにはA級《きゅう》（8ラウンド以上《いじょう》の試合《しあい》に出場《しゅつじょう》できる）、B級《きゅう》（6ラウンド以上《いじょう》の試合《しあい》に出場《しゅつじょう》できる）、C級《きゅう》（4ラウンド以上《いじょう》の試合《しあい》に出場《しゅつじょう》できる）とがあり、ほとんどの人《ひと》はC級《きゅう》からの受験《じゅけん》となります。

●競馬《けいば》

競馬騎手《けいばきしゅ》になるには、中学《ちゅうがく》、高校《こうこう》を卒業後《そつぎょうご》、日本中央競馬会《にほんちゅうおうけいばかい》競馬学校《けいばがっこう》(全寮制《ぜんりょうせい》3年間《ねんかん》)を卒業《そつぎょう》し、中央競馬騎手免許試験《ちゅうおうけいばきしゅめんきょしけん》に合格《ごうかく》しなければなりません。合格《ごうかく》して、中央《ちゅうおう》競馬騎手《けいばきしゅ》になっても、自分《じぶん》で乗《の》る馬《うま》を選《えら》べるのではなく、馬主《ばぬし》や調《ちょう》教師《きょうし》から依頼《いらい》を受《う》けて、はじめてレースに出《で》ることができます。競《けい》馬騎手《ばきしゅ》になる上《うえ》で必要《ひつよう》なことは、馬《うま》を操《あやつ》るセンスはもちろんですが、人《ひと》として信頼《しんらい》されることが大《たい》切《せつ》です。

レースのない日《ひ》は、馬《うま》の調教《ちょうきょう》をしたり、レースのビデオなどを見《み》て、研究《けんきゅう》したりします。

●競輪《けいりん》

競輪選手《けいりんせんしゅ》になるには、日本競輪《にほんけいりん》学校《がっこう》に入学《にゅうがく》し、国家資格《こっかしかく》である選《せん》手《しゅ》資格検定《しかくけんてい》に合格《ごうかく》する必要《ひつよう》があります。その資格検定合格後《しかくけんていごうかくご》に選手《せんしゅ》登録《とうろく》され、晴《は》れて競輪選手《けいりんせんしゅ》となることができます。

基本的《きほんてき》に練習《れんしゅう》は、レースのない競輪場《けいりんじょう》か街道《がいどう》でおこないます。レースで何着《なんちゃく》になったかによって、給料《きゅうりょう》も大《おお》きくかわってくるので、選手《せんしゅ》は毎日《まいにち》トレーニングをしてレースにそなえ、よい成績《せいせき》を残《のこ》せるように日々《ひび》努力《どりょく》を重《かさ》ねています。

●モーターレース

F1レーサーになるには、まずレーシングスクールを卒業《そつぎょう》します。その後《あと》に、国内《こくない》Bライセンスを取得《しゅとく》、国内《こくない》Aライセンスを取得《しゅとく》、そして、国際《こくさい》ライセンス、国際《こくさい》スーパーライセンスを取得《しゅとく》して、F1レーサーになることができます。

ここまで来《く》るのにも、とても多《おお》くのお金《かね》と時間《じかん》を使《つか》います。さらに、勝《か》つためには、並大抵《なみたいてい》の努力《どりょく》では勝《か》てません。F1レーサーとして成功《せいこう》するのは、びっくりするほどの狭《せま》き門《もん》ともいえるでしょう。スピードの恐怖《きょうふ》を乗《の》り切《き》る勇気《ゆうき》はもちろんですが、何《なん》といっても、車《くるま》に対《たい》する情熱《じょうねつ》が大切《たいせつ》です。

●ボウリング

プロボウラーになるには、1次《じ》から3次《じ》のテストに合格《ごうかく》することが必《ひつ》要《よう》です。1次《じ》、2次《じ》は各《かく》4日間《かん》おこなわれ、男子《だんし》は計《けい》60ゲームでアベレージ200以上《いじょう》、女子《じょし》は計《けい》48ゲームでアベレージ（平均《へいきん》のスコア）190以上《いじょう》という厳《きび》しい基準《きじゅん》があります。受験資格《じゅけんしかく》は満《まん》16歳《さい》以上《いじょう》の男女《だんじょ》で、前年度《ぜんねんど》30ゲーム以上《いじょう》のアベレージが男子《だんし》190、女子《じょし》180以上《いじょう》を獲得《かくとく》できる選手《せんしゅ》に限《かぎ》られます。

取得後《しゅとくご》はボウリング場《じょう》に勤務《きんむ》・契《けい》約《やく》して一般《いっぱん》の人《ひと》を指導《しどう》しながら技術《ぎじゅつ》を磨《みが》き、トーナメントプロをめざす人《ひと》が多《おお》いようです。

●プロレスリング

プロレスラーになるには、専門的《せんもんてき》な資格《しかく》など必要《ひつよう》ありませんが、いくつもあるプロレス団体《だんたい》のうち、どこかの道場《どうじょう》に入門《にゅうもん》してトレーニングを積《つ》む必要《ひつよう》があります。入門《にゅうもん》のときには、適正検査《てきせいけんさ》が行《おこ》なわれ、平均《へいきん》以上《いじょう》の基礎的《きそてき》な体力《たいりょく》が試《ため》されます。

入門後《にゅうもんご》は、厳《きび》しいトレーニングを積《つ》んでいくことになりますが、プロレスラーとしての技術《ぎじゅつ》だけでなく、エンターテイナーとしてのスター性《せい》も重視《じゅうし》されます。観客《かんきゃく》の心《こころ》をつかむことが、プロレスラーには要求《ようきゅう》されるのです。

●オートレース

オートレースは小型《こがた》バイクでスピードを競《きそ》う競技《きょうぎ》です。オートレースの選手《せんしゅ》になるには、2年《ねん》に1回《かい》おこなわれる選手養成入所試験《せんしゅようせいにゅうしょしけん》に合格《ごうかく》しなければなりません。この試験《しけん》は極《きわ》めて競争率《きょうそうりつ》が高《たか》いそうです。

試験《しけん》に合格《ごうかく》すると、筑波《つくば》サーキットに併設《へいせつ》されている選手養成所《せんしゅようせいじょ》に入《にゅう》所《しょ》し、10か月《げつ》の基礎訓練《きそくんれん》をおこないます。この養成所生活《ようせいじょせいかつ》を経《へ》て、選手《せんしゅ》資格検定《しかくけんてい》（規定《きてい》タイム3・60以《い》上《じょう》）に合格《ごうかく》すれば、プロの選手《せんしゅ》として登録《とうろく》され、各《かく》オートレース場《じょう》へ配《はい》属《ぞく》となります。

●競艇《きょうてい》

競艇選手《きょうていせんしゅ》になるには福岡県柳川《ふくおかけんやながわ》市《し》にある「やまと競艇学校《きょうていがっこう》」に入《にゅう》校《こう》し、1年間《ねんかん》の訓練《くんれん》をおこなわなくてはなりません。この学校《がっこう》に入《はい》るには、厳《きび》しい条件《じょうけん》をクリアしなくてはいけません。

競艇選手《きょうていせんしゅ》で一流《いちりゅう》になれば、賞金《しょうきん》で年間約《ねんかんやく》1億円稼《おくえんかせ》げると言《い》われていますが、その一方《いっぽう》で、競艇《きょうてい》は大変《たいへん》危険《きけん》なスポーツともいわれています。中《なか》には、不幸《ふこう》にも事故《じこ》で命《いのち》を落《お》とす選手《せんしゅ》もいます。そうならないように、選手《せんしゅ》は厳《きび》しい練習《れんしゅう》をし、絶《た》えまない努力《どりょく》を積《つ》んで、一流《いちりゅう》の選手《せんしゅ》を目指《めざ》しています。

駅務員《えきむいん》（駅員《えきいん》）

乗客《じょうきゃく》のみなさんを安全《あんぜん》に、時間《じかん》どおりに目的地《もくてきち》まで運《はこ》ぶため、駅《えき》の中《なか》で働《はたら》いています。
現在《げんざい》では、多《おお》くの仕事《しごと》がコンピューターなどで機械化《きかいか》されていますが、それを操作《そうさ》するのは、あくまでも人間《にんげん》です。

駅務員《えきむいん》の仕事《しごと》

出札係《しゅっさつがかり》

切符《きっぷ》はほとんどが自動券売機《じどうけんばいき》で売《う》られているので、故障《こしょう》したときの修理《しゅうり》や、乗客《じょうきゃく》の問《と》い合《あ》わせに答《こた》えるのが仕事《しごと》の中心《ちゅうしん》です。

改札係《かいさつがかり》

これも自動改札《じどうかいさつ》になっているので、修理《しゅうり》や、不正乗車《ふせいじょうしゃ》の見張《みは》りをします。

鉄道運転管理員《てつどううんてんかんりいん》

ＪＲ《じぇいあーる》では「輸送指令員《ゆそうしれいいん》」といいます。列車《れっしゃ》が時刻表《じこくひょう》どおり走《はし》っているか監視《かんし》します。

発車《はっしゃ》する列車《れっしゃ》に合図《あいず》を送《おく》る係《かかり》。

ときには酔《よ》っぱらった人《ひと》のかいほうをします。

ウィッ

駅《えき》の責任者《せきにんしゃ》が「駅長《えきちょう》」です。

駅務員《えきむいん》になるには、特別《とくべつ》な学歴《がくれき》や資格《しかく》は必要《ひつよう》ありません。鉄道会社《てつどうかいしゃ》の試験《しけん》に合格《ごうかく》すればＯＫ《おーけー》です。
一般《いっぱん》に、駅務員《えきむいん》の仕事《しごと》をひととおり経験《けいけん》してから、車掌《しゃしょう》や運転士《うんてんし》になります。

車掌《しゃしょう》

電車《でんしゃ》のいちばん後《うし》ろの運転席《うんてんせき》で、運転士《うんてんし》や駅《えき》と連絡《れんらく》をとりあって、仕事《しごと》をしています。常《つね》に安全《あんぜん》な運行《うんこう》に気《き》を配《くば》っています。

車掌《しゃしょう》に向《む》くのは、電車《でんしゃ》が好《す》きで元気《げんき》な人《ひと》ですが、乗客《じょうきゃく》にはお年寄《としよ》りや病人《びょうにん》もいるので、気《き》くばりのできる、やさしい心《こころ》も必要《ひつよう》です。

車掌《しゃしょう》の仕事《しごと》

指《ゆび》さし確認《かくにん》

出発前《しゅっぱつまえ》は必《かなら》ず安全《あんぜん》を確認《かくにん》します。

信号青《しんごうあお》、出発進行《しゅっぱつしんこう》。

車内放送《しゃないほうそう》

次《つぎ》は東京《とうきょう》、東京《とうきょう》。

ドアの開《あ》けしめ

危険《きけん》ですので、かけこみ乗車《じょうしゃ》はしないでください。

ピシャ

乗《の》りこし精算《せいさん》

あと320円《えん》です。

案内《あんない》サービス

そこに行《い》くには、次《つぎ》の駅《えき》でのりかえて…

売《う》り上《あ》げ計算《けいさん》

その日《ひ》の売《う》り上《あ》げを計算《けいさん》します。

報告《ほうこく》

一日《いちにち》の報告《ほうこく》と、翌日《よくじつ》の乗務《じょうむ》の確認《かくにん》をします。

お疲《つか》れ様《さま》。

勤務時間《きんむじかん》は日《ひ》によってちがい、一日《いちにち》おきに泊《と》まりがあります。

車掌《しゃしょう》になるには駅務員《えきむいん》（15ページ）を経験《けいけん》したあと、会社《かいしゃ》でおこなう試験《しけん》に合格《ごうかく》します。

バス運転手《うんてんしゅ》

バスには、きまった道路《どうろ》（路線《ろせん》）をきまった時間《じかん》に走《はし》る乗合《のりあい》バスと、観光地《かんこうち》を回《まわ》る観光《かんこう》バスがあります。

大《おお》きな車《くるま》で大《おお》ぜいの乗客《じょうきゃく》をのせて走《はし》るバスの運転手《うんてんしゅ》は、プロのドライバーの中《なか》でも、もっともなるのがむずかしい職業《しょくぎょう》と言《い》われています。それだけに、やりがいのある仕事《しごと》だといえるでしょう。

バスの種類《しゅるい》

乗合《のりあい》バス

乗《の》りこむ前《まえ》に、タイヤやライトなど、車両点検《しゃりょうてんけん》をします。

きまった時間《じかん》に停留所《ていりゅうじょ》に着《つ》かなければならないので、時間《じかん》にはたえず気《き》をくばります。

運賃箱《うんちんばこ》も管理《かんり》して、運転《うんてん》が終《お》わったら精算《せいさん》をします。

止《と》まる停留所《ていりゅうじょ》をテープで車内《しゃない》に流《なが》したり、自分《じぶん》でしゃべったりします。

このように、一人《ひとり》で全部《ぜんぶ》の仕事《しごと》をします。無事《ぶじ》に仕事《しごと》を終《お》え、営業所《えいぎょうじょ》にもどったときはホッとします。

観光《かんこう》バス

長《なが》い時間運転《じかんうんてん》することが多《おお》いので、いねむりなどしないよう、しっかりした健康管理《けんこうかんり》が必要《ひつよう》です。

ほとんど添乗員《てんじょういん》やバスガイドがいっしょに乗《の》っています。

バスの運転手《うんてんしゅ》になるには「大型第二種自動車運転免許《おおがただいにしゅじどうしゃうんてんめんきょ》」をとらなければなりません。

パイロット

大昔《おおむかし》から、空《そら》を飛《と》ぶことは人類《じんるい》の長《なが》い間《あいだ》の夢《ゆめ》でした。パイロットはとてもスケールの大《おお》きな仕事《しごと》だと思《おも》います。
でも、たくさんの人《ひと》の命《いのち》を預《あず》かる仕事《しごと》ですから、常《つね》に正《ただ》しい判断力《はんだんりょく》と強《つよ》い精神力《せいしんりょく》を必要《ひつよう》とします。
左《ひだり》に機長《きちょう》、右《みぎ》に副操縦士《ふくそうじゅうし》がすわります。

乗務《じょうむ》する路線《ろせん》は国内線《こくないせん》と国際線《こくさいせん》に分《わ》かれます。

パイロットの仕事《しごと》

出社《しゅっしゃ》

離陸《りりく》の1時間半前《じかんはんまえ》には出社《しゅっしゃ》して、健康診断《けんこうしんだん》をうけます。

天気確認《てんきかくにん》

飛行《ひこう》ルートの天気《てんき》を確認《かくにん》します。細《こま》かく知《し》りたいときにはパソコンを使《つか》うこともあります。

パイロットのその金色《きんいろ》の4本《ほん》のラインは機長《きちょう》のしるし、3本《ほん》のラインは副操縦士《ふくそうじゅうし》のしるしです。

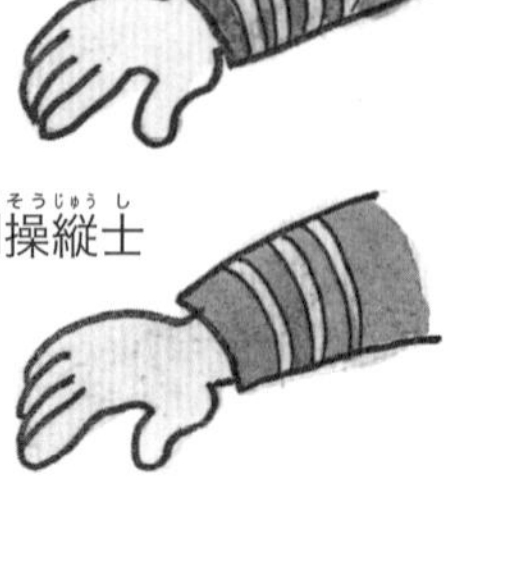
機長《きちょう》
副操縦士《ふくそうじゅうし》

ブリーフィング

ディスパッチャー（飛行計画《ひこうけいかく》を作成《さくせい》する人《ひと》）や副操縦士《ふくそうじゅうし》とうちあわせして積《つ》む燃料《ねんりょう》、航空《こうくう》コースなどを決《き》めます。

メールボックスの確認《かくにん》

会社《かいしゃ》の連絡事項《れんらくじこう》が入《はい》っている自分《じぶん》のメールボックスを確認《かくにん》します。

機体《きたい》の確認《かくにん》

整備士《せいびし》の説明《せつめい》をうけながら、飛行機《ひこうき》の状態《じょうたい》をチェックします。

クルーブリーフィング

客室乗務員《きゃくしつじょうむいん》にフライトの内容《ないよう》を説明《せつめい》します。

コックピット（操縦室《そうじゅうしつ》）

離陸《りりく》したあとは、コンピューターによる自動操縦《じどうそうじゅう》になるので、コックピットにいるのは機長《きちょう》（キャプテン）と副操縦士《ふくそうじゅうし》（コー・パイロット）の2名《めい》だけです。

自動操縦《じどうそうじゅう》になったあとも、たくさんの計器類《けいきるい》に気《き》を配《くば》ります。また、急《きゅう》な天候《てんこう》の変化《へんか》にも対応《たいおう》します。

着陸後《ちゃくりくご》の報告《ほうこく》

フライト中《ちゅう》、気《き》になったことがあるときは整備士《せいびし》に伝《つた》えます。

健康管理《けんこうかんり》

特《とく》に国際線《こくさいせん》では時差《じさ》があるので、体調管理《たいちょうかんり》に気《き》をつけます。よく眠《ねむ》れるように、運動《うんどう》をしたりします。

健康診断《けんこうしんだん》

年《ねん》に2回健康診断《かいけんこうしんだん》があり、不合格《ふごうかく》になると操縦《そうじゅう》できなくなります。

客《きゃく》室《しつ》乗《じょう》務《む》員《いん》

乗客《じょうきゃく》のみなさんが機内《きない》で快適《かいてき》にすごしていただけるようにお世話《せわ》します。一見《いっけん》はなやかに見《み》えますが、かなりハードな仕事《しごと》です。
接客業《せっきゃくぎょう》ですから、人《ひと》に接《せっ》するのが好《す》きで、明《あか》るい性格《せいかく》の人《ひと》がこの仕事《しごと》に向《む》いているでしょう。また、体力《たいりょく》も必要《ひつよう》です。

客《きゃく》室《しつ》乗《ちょう》務《む》員《いん》の仕事《しごと》

出社《しゅっしゃ》

出発《しゅっぱつ》1時間半《じかんはん》くらい前《まえ》にオペレーションセンターに出社《しゅっしゃ》して、制服《せいふく》に着《き》がえ、乗務《じょうむ》に必要《ひつよう》な情報《じょうほう》を集《あつ》めます。

ブリーフィング

客室乗務員《きゃくしつじょうむいん》だけ集《あつ》まって、打《う》ち合《あ》わせをします。

出発《しゅっぱつ》の40分前《ぷんまえ》に飛行機《ひこうき》に乗《の》りこみます。

バッグの中身《なかみ》
マニュアル
エプロン
小物入《こものい》れ
パスポート
タイムテーブル
カウンター
MEMO
メモ帳《ちょう》
フラッシュライト

プリフライトチェック

乗客《じょうきゃく》の飲《の》み物《もの》や食事《しょくじ》、備品《びひん》などがちゃんと積《つ》んであるかチェックします。

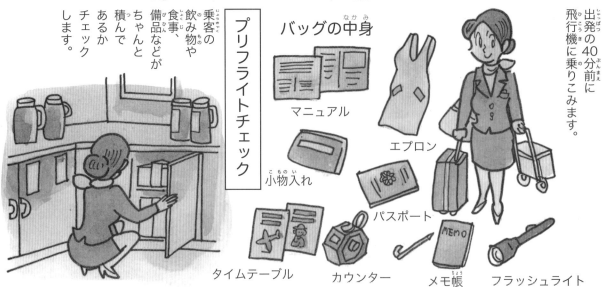

クルーブリーフィング

機長《きちょう》から、高度《こうど》、気象状況《きしょうじょうきょう》など、フライトの内容《ないよう》について説明《せつめい》をうけます。

ボーディング

笑顔《えがお》で乗客《じょうきゃく》をお迎《むか》えします。

機内《きない》サービス

●救命具《きゅうめいぐ》の説明《せつめい》

●おしぼり、飲《の》み物《もの》のサービス

●機内《きない》アナウンス

ベルトをおしめください

赤《あか》ちゃんやお年寄《としよ》りには、特《とく》にきめ細《こま》かな気くばりをします。

あたたかいミルクをあげたり…

国際線《こくさいせん》では機内食《きないしょく》を配《くば》ります。

冷《さ》めないように手《て》ぎわよくおこないます。

国際線《こくさいせん》では、免税品《めんぜいひん》を販売《はんばい》します。

その他《ほか》、

・不審《ふしん》なものや、あやしい人《ひと》に注意《ちゅうい》します。

・病人《びょうにん》が出《で》たときには、応急処置《おうきゅうしょち》をします。

・事故《じこ》が起《お》きたときなど、乗客《じょうきゃく》を安全《あんぜん》に誘導《ゆうどう》します。

このように、安全《あんぜん》を守《まも》るよう努《つと》めています。

客室乗務員《きゃくしつじょうむいん》になるには、短大以上《たんだいいじょう》を卒業《そつぎょう》したあと、航空会社《こうくうかいしゃ》に就職《しゅうしょく》して、訓練《くんれん》します。

※客室乗務員《きゃくしつじょうむいん》は、スチュワーデス、フライトアテンダント、キャビンアテンダントなどともよばれます。

空港《くうこう》で働《はたら》く人《ひと》たち

●管制官《かんせいかん》

離陸《りりく》や着陸《ちゃくりく》の誘導《ゆうどう》をします。

●整備士《せいびし》

飛行機《ひこうき》を点検《てんけん》整備《せいび》、修理《しゅうり》します。

●税関職員《ぜいかんしょくいん》

外国《がいこく》から持《も》ちこまれた荷物《にもつ》を調《しら》べます。

●入国審査官《にゅうこくしんさかん》

外国《がいこく》から来《く》る人《ひと》のパスポートやビザをチェックします。

●マーシャラー

飛行機《ひこうき》を手旗《てばた》で誘導《ゆうどう》します。

●調理《ちょうり》スタッフ

機内食《きないしょく》を作《つく》ります。

●グランドスタッフ

チケットの販売《はんばい》をします。

搭乗口《とうじょうぐち》でチケットを受《う》けとります。

乗客《じょうきゃく》の荷物《にもつ》を運《はこ》びます。

など

宇宙《うちゅう》飛行士《ひこうし》

今《いま》、世界《せかい》の国々《くにぐに》が協力《きょうりょく》して宇宙《うちゅう》ステーションの建設《けんせつ》がすすめられています。
これが完成《かんせい》すれば、気象観測《きしょうかんそく》や医療《いりょう》、金属《きんぞく》の分野《ぶんや》などでさらに研究《けんきゅう》が進《すす》みます。

自分《じぶん》の得意分野《とくいぶんや》の知識《ちしき》や技術《ぎじゅつ》をみがき、人類《じんるい》のために宇宙《うちゅう》で働《はたら》くことはすばらしいと思《おも》います。

宇宙《うちゅう》飛行士《ひこうし》の仕事《しごと》の内容《ないよう》

コマンダー

船長《せんちょう》です。その下《した》にパイロット（操縦士《そうじゅうし》）がいます。

これはコックピット。

ミッションスペシャリスト

宇宙《うちゅう》ステーションなどの組《く》み立《た》てをする技術者《ぎじゅつしゃ》です。

ペイロードスペシャリスト

船内《せんない》でいろいろな実験《じっけん》をする科学技術者《かがくぎじゅつしゃ》です。

宇宙《うちゅう》飛行士《ひこうし》になるための訓練《くんれん》

●水中《すいちゅう》で無重力《むじゅうりょく》の訓練《くんれん》をします。

●宇宙酔《うちゅうよ》いにたえられる訓練《くんれん》をします。

●宇宙船《うちゅうせん》から脱出《だっしゅつ》して、海《うみ》をただよったときの訓練《くんれん》をします。

●宇宙船《うちゅうせん》が故障《こしょう》したときの脱出訓練《だっしゅつくんれん》をします。

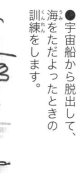

船長《せんちょう》

客船《きゃくせん》やタンカーの最高責任者《さいこうせきにんしゃ》です。船《ふね》が進《すす》む道《みち》（針路《しんろ》）を決《き》めます。
乗客《じょうきゃく》とクルー（乗組員《のりくみいん》）の安全《あんぜん》を守《まも》るため、細《こま》やかな気配《きくば》りが大切《たいせつ》です。

船長《せんちょう》の仕事《しごと》

乗船《じょうせん》

出港《しゅっこう》1時間半前《じかんはんまえ》に、お客《きゃく》さんの乗船《じょうせん》がはじまります。

出港《しゅっこう》

船《ふね》が港《みなと》を出《で》るときには高《たか》い技術《ぎじゅつ》が必要《ひつよう》なので、船長《せんちょう》がかじをとります。

出港用《しゅっこうよう》、入港用《にゅうこうよう》、それぞれ専用《せんよう》のかじがあります。

航海《こうかい》

操舵室《そうだしつ》を「キャビン」といいます。

船長《せんちょう》
航海士《こうかいし》レーダーを監視《かんし》します。
操舵手《そうだしゅ》かじをとります。

天気図《てんきず》を見《み》て、常《つね》に気象《きしょう》に注意《ちゅうい》して安全《あんぜん》な航路《こうろ》を決定《けってい》します。

モクモク

●羅針盤《らしんばん》

「らしんばん」は、船《ふね》や目標物《もくひょうぶつ》の位置《いち》を確認《かくにん》する道具《どうぐ》です。

船内事務《せんないじむ》

船長《せんちょう》は、ふだんは船長室《せんちょうしつ》（キャプテンルーム）にいて、報告書《ほうこくしょ》や連絡書《れんらくしょ》に目《め》を通《とお》します。

接客《せっきゃく》

乗客《じょうきゃく》をもてなすのも、船長《せんちょう》の大事《だいじ》な仕事《しごと》のひとつです。

●パーティ

ようこそ。ご乗船《じょうせん》ありがとうございます。

●レストラン

お味《あじ》はいかがですか。

入港《にゅうこう》

入港《にゅうこう》のときも船長《せんちょう》がかじをにぎります。

下船《げせん》

最後《さいご》まで乗客《じょうきゃく》に礼《れい》をつくします。

航海士《こうかいし》になるには、中学《ちゅうがく》を卒業《そつぎょう》してなる場合《ばあい》は、商船高等専門学校《しょうせんこうとうせんもんがっこう》を卒業《そつぎょう》します。高校《こうこう》を卒業《そつぎょう》してなる場合《ばあい》は、商船大学《しょうせんだいがく》、海技大学校《かいぎだいがっこう》、海員学校《かいいんがっこう》を卒業《そつぎょう》します。
そのあと、どちらも実習《じっしゅう》を積《つ》んで乗船履歴《じょうせんりれき》をつくります。そして「海技従事者国会試験《かいぎじゅうじしゃこっかいしけん》」に合格《ごうかく》して免許《めんきょ》を取得《しゅとく》し、船会社《ふながいしゃ》に就職《しゅうしょく》します。

船《ふね》で働《はたら》く人《ひと》たち

●機関士《きかんし》

エンジンをはじめ、船内《せんない》の機械電気関係《きかいでんきかんけい》の調整《ちょうせい》や修理《しゅうり》をします。

●通信士《つうしんし》

通信室《つうしんしつ》にいて、陸上《りくじょう》や他《ほか》の船《ふね》を無線《むせん》で連絡《れんらく》しあいます。また、天気図《てんきず》もつくります。

●甲板員《かんぱんいん》

甲板《かんぱん》でいろいろな保守点検《ほしゅてんけん》をします。

船体《せんたい》や窓《まど》をそうじします。

船《ふね》をつなぐロープを点検《てんけん》します。

●医師《いし》

体《からだ》の具合《ぐあい》が悪《わる》くなった人《ひと》を診察《しんさつ》します。

●ルームキーパー

客室《きゃくしつ》のそうじをします。

●コック

料理《りょうり》をつくります。

●ウエイトレス、ウエイター

パーティやレストランで料理《りょうり》を運《はこ》びます。

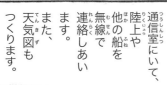

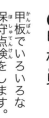

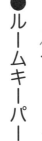

栄養士《えいようし》

みなさんが健康《けんこう》に暮《く》らせるよう、栄養《えいよう》バランスやカロリーを考《かんが》えた献立《こんだて》を考《かんが》えたり、栄養指導《えいようしどう》などをします。

働《はたら》く場所《ばしょ》は、学校《がっこう》、会社《かいしゃ》、保健所《ほけんじょ》、病院《びょういん》、老人《ろうじん》ホームなどさまざまです。
やっぱり「おいしかった」と言《い》ってもらえると、とてもうれしいです。

栄養士《えいようし》の仕事《しごと》

献立《こんだて》づくり

栄養《えいよう》バランスを考《かんが》えます。

●主《おも》に体《からだ》をつくる食《た》べ物《もの》

肉《にく》　卵《たまご》　牛乳《ぎゅうにゅう》　チーズ　魚《さかな》

小魚《こざかな》　えび　コンブ　ワカメ　ソーセージ

●主《おも》に体《からだ》の調子《ちょうし》をととのえる食《た》べ物《もの》

野菜《やさい》　くだもの　など

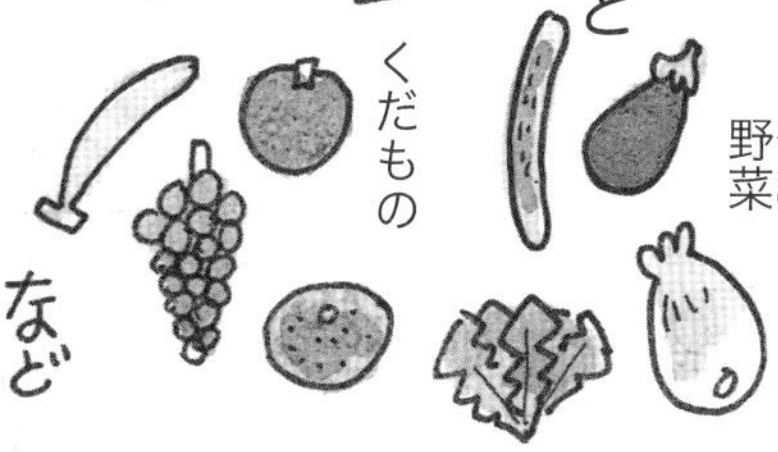

●主《おも》に熱《ねつ》や力《ちから》のもととなる食《た》べ物《もの》

ごはん　パン　うどん　スパゲッティ　など

食《た》べすぎないように、食《た》べる量《りょう》も考《かんが》えます。

材料《ざいりょう》は、なるべく農薬《のうやく》やてんか物《ぶつ》を使《つか》っていないものを選《えら》びます。

アレルギーのある人向《ひとむ》けには、その食《た》べ物《もの》が入《はい》らないように気《き》をつけます。

卵《たまご》　そば　小麦《こむぎ》　牛乳《ぎゅうにゅう》　など

予算《よさん》のはんい内《ない》におさめるのも手腕《しゅわん》の見《み》せ所《どころ》です。

栄養指導《えいようしどう》

食《た》べ物《もの》と健康《けんこう》に関《かん》する知識《ちしき》を教《おし》えます。

栄養士《えいようし》になるには、栄養士養成課程《えいようしようせいかてい》のある専門学校《せんもんがっこう》、短大《たんだい》、大学《だいがく》を卒業《そつぎょう》して、「栄養士免許《えいようしめんきょ》」を取得《しゅとく》して、就職《しゅうしょく》します。

青果店《せいかてん》・精肉店《せいにくてん》・鮮魚店《せんぎょてん》

●青果店《せいかてん》(八百屋《やおや》)

青果店《せいかてん》(八百屋《やおや》)の仕事《しごと》は、朝早《あさはや》くに始《はじ》まります。仕入《しい》れのために市場《いちば》に行《い》き、商品《しょうひん》に一番《いちばん》高《たか》い値段《ねだん》をつけた人《ひと》がその野菜《やさい》を買《か》うことができます。この方法《ほうほう》を「せり」といいます。せりが終《お》わるとすぐ、自分《じぶん》の買《か》った野菜《やさい》をトラックに乗《の》せてお店《みせ》に帰《かえ》り、その日《ひ》の気温《きおん》や天候《てんこう》、彩《いろど》りなどを考《かんが》え、商品《しょうひん》を並《なら》べます。

お店《みせ》が開店《かいてん》すると、元気《げんき》に大《おお》きな声《こえ》を出《だ》して、お客《きゃく》さんに野菜《やさい》のおいしさや原産地《げんさんち》などを説明《せつめい》しながら、売《う》っていきます。野菜《やさい》の知識《ちしき》が必要《ひつよう》になるので、野菜《やさい》や果物《くだもの》を作《つく》る農家《のうか》を直接《ちょくせつ》たずね、勉強《べんきょう》したりもします。

青果店《せいかてん》(八百屋《やおや》)になるには、青果店《せいかてん》に就職《しゅうしょく》またはアルバイトで経験《けいけん》を積《つ》み、開業《かいぎょう》するのが一般的《いっぱんてき》です。

●精肉店《せいにくてん》(肉屋《にくや》)

こちらもおなじみの肉屋《にくや》さんです。精肉店《せいにくてん》の仕事《しごと》も朝早《あさはや》くに始《はじ》まります。市場《いちば》のせりでお肉《にく》を買《か》い、その商品《しょうひん》をお店《みせ》に持《も》ち帰《かえ》り、適度《てきど》な大《おお》きさに切《き》り分《わ》け、お客《きゃく》さんに新鮮《しんせん》なお肉《にく》を売《う》っていきます。

ただお肉《にく》を売《う》るだけでは、スーパーマーケットなどに負《ま》けてしまうので、最近《さいきん》では、コロッケや鳥《とり》のからあげなどを売《う》るお店《みせ》も増《ふ》えてきました。よい肉《にく》を使《つか》った精肉店《せいにくてん》ならではのおいしい惣菜《そうざい》は、人気商品《にんきしょうひん》として売《う》り出《だ》すこともできます。なお、精肉店《せいにくてん》は生《なま》ものを扱《あつか》う仕事《しごと》なので、食品衛生指導員《しょくひんえいせいしどういん》の資格《しかく》などを持《も》っていると、役立《やくた》つでしょう。

精肉店《せいにくてん》になるには、精肉店《せいにくてん》に就職《しゅうしょく》またはアルバイトで経験《けいけん》を積《つ》み、開業《かいぎょう》するのが一般的《いっぱんてき》です。

●鮮魚店《せんぎょてん》(魚屋《さかなや》)

鮮魚店《せんぎょてん》(魚屋《さかなや》)の仕事《しごと》も朝早《あさはや》く始《はじ》まります。まず市場《いちば》のせりで、新鮮《しんせん》な魚《さかな》を買《か》います。その商品《しょうひん》をお店《みせ》に持《も》ち帰《かえ》り、さばいたりしてお店《みせ》に並《なら》べます。

開店時間《かいてんじかん》になると、元気《げんき》に声《こえ》を出《だ》してお客《きゃく》さんを呼《よ》び込《こ》みます。時《とき》には、魚《さかな》の新鮮《しんせん》さを知《し》ってもらうために、魚《さかな》をお客《きゃく》さんの目《め》の前《まえ》でさばいて、味見《あじみ》をしてもらう魚屋《さかなや》も増《ふ》えてきています。魚介類《ぎょかいるい》もとても種類《しゅるい》が多《おお》いので、魚《さかな》や貝《かい》の調理法《ちょうりほう》や味《あじ》などについて知《し》っておくと、お客《きゃく》さんにいろいろなアドバイスをすることができます。

鮮魚店《せんぎょてん》(魚屋《さかなや》)になるには、鮮魚店《せんぎょてん》に就職《しゅうしょく》またはアルバイトで経験《けいけん》を積《つ》み、開業《かいぎょう》するのが一般的《いっぱんてき》です。

すし職人《しょくにん》

日本《にほん》で生《う》まれたすしは、天《てん》ぷらとともに、外国《がいこく》でもとても人気《にんき》のある食《た》べ物《もの》です。

すしは、酢《す》で味《あじ》つけしたごはんの上《うえ》に、魚介類《ぎょかいるい》をのせただけのシンプルな食《た》べ物《もの》です。だから、逆《ぎゃく》にごまかしはききません。よい魚《さかな》と、米《こめ》を見《み》きわめるのが基本《きほん》です。

すし職人《しょくにん》の仕事《しごと》

仕入《しい》れ

毎朝《まいあさ》、魚市場《うおいちば》に行《い》って、新鮮《しんせん》な魚《さかな》や貝《かい》を仕入《しい》れてきます。

仕込《しこ》み

ごはんの上《うえ》にのせる魚《さかな》を「ネタ」といいます。ていねいにさばきます。

ごはんのことを「シャリ」といいます。おいしい米《こめ》の銘柄《めいがら》を選《えら》び、たき方《かた》や味《あじ》つけに気《き》をくばります。

すし職人《しょくにん》の技術《ぎじゅつ》

巻《ま》く　にぎる

ちらす　押《お》す

接客《せっきゃく》

お客《きゃく》さん相手《あいて》の仕事《しごと》なので、楽《たの》しく会話《かいわ》ができる能力《のうりょく》もあった方《ほう》がよいでしょう。

すし職人《しょくにん》になるには、まずすし屋《や》で修業《しゅぎょう》します。最初《さいしょ》の1〜2年《ねん》は、このような仕事《しごと》をします。

食器洗《しょっきあら》い　出前《でまえ》

店《みせ》のそうじ　片《かた》づけ

寿司

そのあとで、やっと包丁《ほうちょう》をにぎらせてもらえるようになります。

ネタの下《した》ごしらえなどから…

こうして、5年《ねん》から10年《ねん》くらいで一人前《いちにんまえ》のすし職人《しょくにん》になります。

ケーキ職人《しょくにん》

見《み》た目《め》も美《うつく》しく、おいしい洋菓子《ようがし》をつくります。定番《ていばん》のケーキだけでなく、オリジナルも考《かんが》えます。
お客《きゃく》さんが「おいしかった」と言《い》ってくれたときが、やはり一番《いちばん》うれしいですね。でも、一日中《いちにちじゅう》立《た》ちっぱなしの仕事《しごと》なので、体力的《たいりょくてき》にはなかなかハードです。

ケーキ職人《しょくにん》の仕事《しごと》

道具《どうぐ》

ケーキづくりにはいろいろな道具《どうぐ》を使《つか》います。

そのほかいっぱい

生地《きじ》をつくる

小麦粉《こむぎこ》、バター、砂糖《さとう》、卵《たまご》などをまぜてこね、生地《きじ》をつくります。

こね こね

生地《きじ》を型《かた》に入《い》れる

はじめからできあがりと同《おな》じ形《かたち》につくるものと、大《おお》きくつくってあとから小《ちい》さく切《き》り分《わ》けるものがあります。

オーブンで焼《や》く

生地《きじ》によって焼《や》く温度《おんど》、取《と》り出《だ》すタイミングがちがいます。

仕上《しあ》げ

それぞれの作業《さぎょう》をします。

シュークリームにはカスタードクリームを注入《ちゅうにゅう》します。

フルーツケーキには季節《きせつ》のフルーツをのせます。

バーナーで砂糖《さとう》をこがして、おいしそうに見《み》せます。

イチゴのタルトはゼリーをぬって、つやを出《だ》します。

粉砂糖《こなざとう》をまんべんなくふるいかけます。

チョコレートケーキには金《きん》ぱくなどをかざります。

陳列《ちんれつ》

何十種類《なんじゅっしゅるい》ものケーキが並《なら》びます。

販売《はんばい》

誕生祝《たんじょういわ》い、結婚記念日《けっこんきねんび》、入学式《にゅうがくしき》、卒業式《そつぎょうしき》など、特別《とくべつ》なケーキの注文《ちゅうもん》もうけつけます。

ケーキ職人《しょくにん》になるには専門学校《せんもんがっこう》を卒業《そつぎょう》してケーキ屋《や》さんに就職《しゅうしょく》するか、専門学校《せんもんがっこう》へは行かず、ケーキ屋《や》さんで直接《ちょくせつ》仕事《しごと》を覚《おぼ》える方法《ほうほう》があります。

※ケーキ職人《しょくにん》も含《ふく》めて、お菓子職人全般《かししょくにんぜんぱん》のことを「パティシエ」ともよびます。

パン職人《しょくにん》

パン屋《や》さんの前《まえ》を通《とお》ったら、おいしそうなにおいがしてきて、思《おも》わず店《みせ》に入《はい》ってしまった…そんな経験《けいけん》はありませんか？
パン職人《しょくにん》は朝早《あさはや》くから夜《よる》まで働《はたら》きますし、特《とく》に夏《なつ》の調理場《ちょうりば》は暑《あつ》くて疲《つか》れます。でも、みなさんにおいしいパンを食《た》べてもらうため、がんばっています。

パンができあがるまで

材料《ざいりょう》

これらをまぜて、生地《きじ》をつくります。

バター
こむぎこ
たまご
さとう
MILK
ミルク
イースト
しお

こねる

ミキサーに入《い》れて、パン生地《きじ》をこねます。

パンのもとを、パン生地《きじ》といいます。

分割成形《ぶんかつせいけい》

パン生地《きじ》を決《き》まった大《おお》きさに切《き》って、パンの形《かたち》を作《つく》ります。

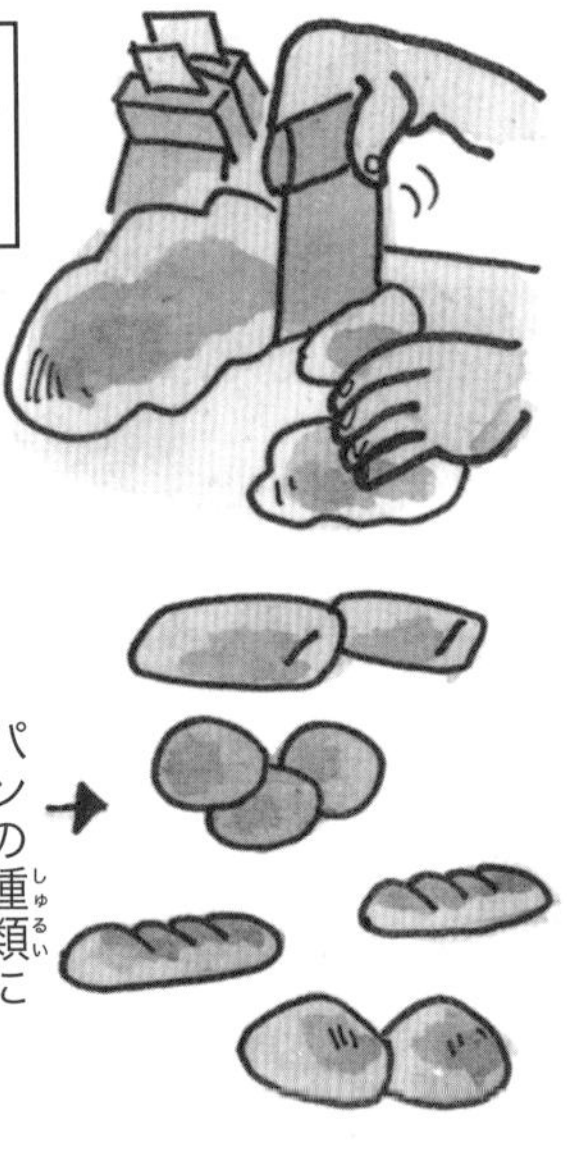

パンの種類《しゅるい》に合《あ》わせた形《かたち》。

発酵《はっこう》

パン生地《きじ》を発酵機《はっこうき》に入《い》れます。

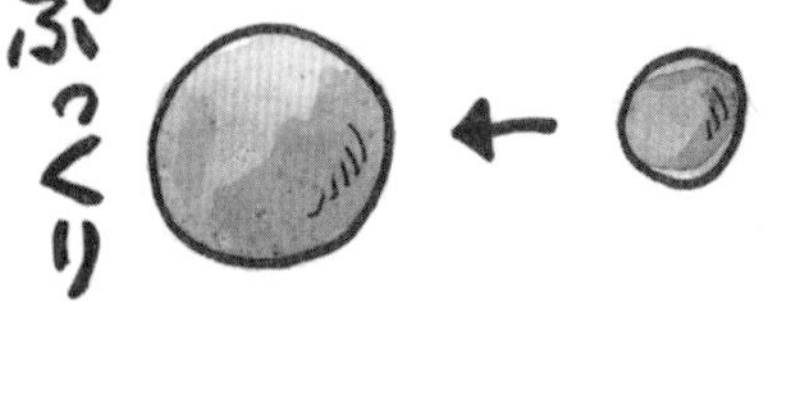
パン生地《きじ》
ぷっくり

イースト（こうぼ菌《きん》）の働《はたら》きでふくらみます。

焼《や》く

200度《ど》以上《いじょう》のオーブンで焼《や》きます。

食《しょく》パンの場合《ばあい》、40分《ぷん》ほどかかります。

できあがり

外《そと》がわはこんがり、中身《なかみ》はふんわりのパンのできあがり。

いろいろなパン

一般的《いっぱんてき》なパン

食《しょく》パン、フランスパンなど。

調理《ちょうり》パン

コロッケ、スパゲッティ、サラダ、ハム、たまごなどの具《ぐ》をはさんだパンです。

菓子《かし》パン

チョコレート、クリーム、ジャムなどを入《い》れたパンです。

おもしろい形《かたち》のパン

見《み》るだけでも楽《たの》しくて、食《た》べるのがもったいない！

油《あぶら》であげたパン

カレーパン、ねじりパン、ドーナツなど。

陳列《ちんれつ》

パンを棚《たな》にならべます。

販売《はんばい》

売《う》れゆきに合《あ》わせて、次々《つぎつぎ》にパンを作《つく》ります。

パン職人《しょくにん》になるには、パン屋《や》、製《せい》パン会社《かいしゃ》で直接《ちょくせつ》仕事《しごと》を覚《おぼ》えるか、専門学校《せんもんがっこう》を卒業《そつぎょう》したあと、パン屋《や》、製《せい》パン会社《かいしゃ》に就職《しゅうしょく》します。

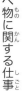

ラーメン店《てん》

お客《きゃく》さんが「おいしかった」と言《い》って、何度《なんど》も店《みせ》に来《き》てくれるようにがんばっています。

ラーメン店《てん》を開業《かいぎょう》するには個人《こじん》のラーメン店《てん》で修業《しゅぎょう》するか、ラーメン店《てん》を経営《けいえい》する会社《かいしゃ》に就職《しゅうしょく》します。

ラーメン店《てん》の仕事《しごと》

仕込《しこ》み

スープはラーメンの命《いのち》です。使《つか》う材料《ざいりょう》や味《あじ》は店《みせ》によってちがいます。

トリにく
ニボシ
カツオブシ
タマネギ
ネギ
キャベツ
ゲンコツ
(ブタのほね)
など

寸胴《ずんどう》に入《い》れてコトコト長《なが》い時間《じかん》をかけてつくります。

代表的《だいひょうてき》な味《あじ》

つけめんや油《あぶら》そばなども人気《にんき》です。

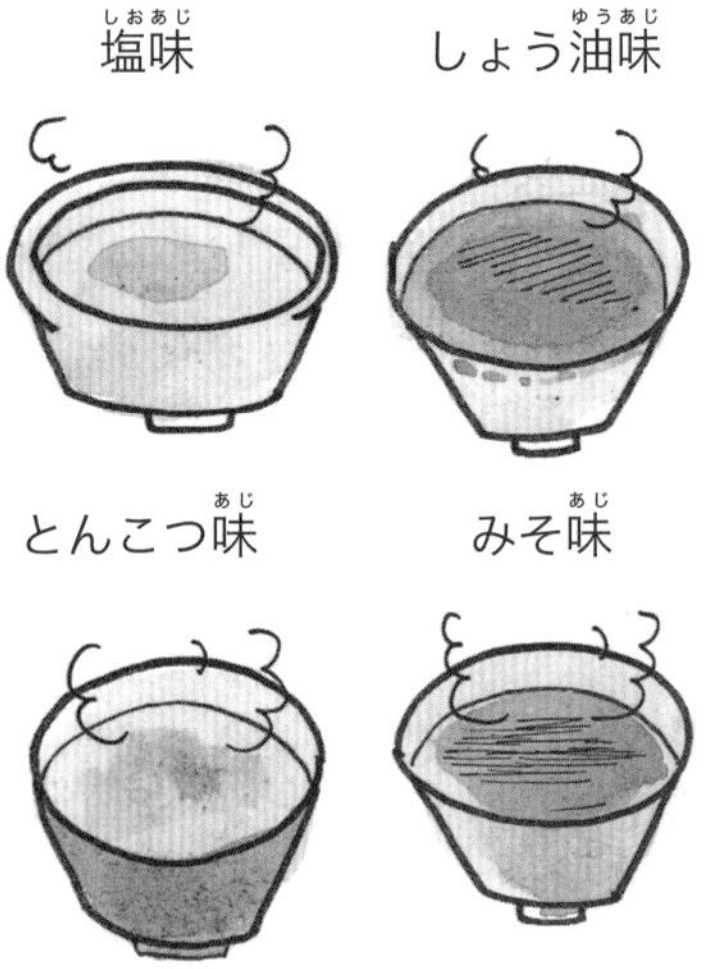
しょう油味《ゆうあじ》
塩味《しおあじ》
みそ味《あじ》
とんこつ味《あじ》

麺《めん》

麺《めん》にも太《ふと》いもの、細《ほそ》いもの、まっすぐなもの、ちぢれているもの、いろいろあります。

その店《みせ》のスープに合《あ》うものを選《えら》びます。

麺《めん》をゆでます。ゆで時間《じかん》は約《やく》3～5分《ふん》です。

水分《すいぶん》はじゅうぶん切《き》って、麺《めん》とスープがよくからむようにします。

サイドメニュー

ギョウザ、シュウマイ、チャーハンなど、サイドメニューのある店《みせ》は、注文《ちゅうもん》に応《おう》じてつくります。

接客《せっきゃく》

お客《きゃく》さんに元気《げんき》に対応《たいおう》します。

おまたせしました

食《た》べ物《もの》に関《かん》する仕事《しごと》いろいろ

そば屋《や》

そば屋《や》になるには、そば屋《や》に就職《しゅうしょく》やアルバイトをして修行《しゅぎょう》を積《つ》み開業《かいぎょう》するのが一般的《いっぱんてき》とされています。

そば屋《や》の仕事《しごと》は、そばという植物《しょくぶつ》の実《み》を石《いし》うすでひいて、そば粉《こ》を作《つく》ることからはじまります。そうして作《つく》ったそば粉《こ》に水《みず》を混《ま》ぜて生地《きじ》をつくっていきます。

そば職人《しょくにん》は、生地《きじ》やつゆにこだわりを持《も》ち、自分《じぶん》の味《あじ》を追求《ついきゅう》して、お客《きゃく》さんに提供《ていきょう》しています。

焼肉店《やきにくてん》

焼肉店《やきにくてん》の仕事《しごと》は、精肉店《せいにくてん》や市《いち》場《ば》から新鮮《しんせん》なお肉《にく》を仕入《しい》れて、お客《きゃく》さんにおいしく食《た》べてもらうことが、主《おも》な仕事《しごと》と言《い》えます。

牛《ぎゅう》や豚《ぶた》、鳥《とり》などのお肉《にく》に詳《くわ》しく、お客《きゃく》さんに質問《しつもん》されても答《こた》えられる程《ほど》の知識《ちしき》が必要《ひつよう》とされます。

また、接客《きゃく》も大切《たいせつ》な仕事《しごと》のひとつです。元気《げんき》に、対応《たいおう》して常《じょう》連《れん》のお客《きゃく》さんを獲得《かくとく》することが成功《せいこう》の秘《ひ》けつとも言《い》えるでしょう。

中華料理店《ちゅうかりょうりてん》

中華料理店《ちゅうかりょうりてん》の仕事《しごと》は、おいしい中華料理《ちゅうかりょうり》をつくってお客《きゃく》さんに提供《ていきょう》することが主《おも》な仕事《しごと》です。おいしい中華料理《ちゅうかりょうり》をつくるために、中国《ちゅうごく》へ修行《しゅぎょう》しに行《い》く人《ひと》もいます。

焼肉店《やきにくてん》や他《ほか》の飲食店《いんしょくてん》と同《おな》じように、接客《きゃく》も大切《たいせつ》な仕事《しごと》のひとつです。いくら修行《しゅぎょう》を積《つ》んで、おいしい中華料理《ちゅうかりょうり》がつくれることができても、おいしく食《た》べられるよい雰囲気《ふんいき》、また環境《かんきょう》がないと評価《ひょうか》はしてもらえません。

ファミリーレストラン

ファミリーレストランの仕事《しごと》は、お客《きゃく》さんにゆっくり食事《しょくじ》をしてもらう環境《かんきょう》をつくることが、主《おも》な仕事《しごと》と言《い》えます。

キッチンでは、注文《ちゅうもん》された料理《りょうり》をつくる人《ひと》、フロアではその注文《ちゅうもん》を取《と》る人《ひと》と、仕事《しごと》の種類《しゅるい》によって分《わ》けられています。その中《なか》で、店《てん》長《ちょう》は、どうしたらお店《みせ》が繁盛《はんじょう》するか…といろいろなサービスを考《かんが》えたり、本社《ほんしゃ》への報告書《ほうこくしょ》を書《か》いたりなどのお店《みせ》を取《と》り仕切《しき》る仕事《しごと》をします。

医師《いし》

ひと口《くち》に医師《いし》といっても、内科《ないか》、外科《げか》、眼科《がんか》、小児科《しょうにか》、産婦人科《さんふじんか》、耳鼻咽喉科《じびいんこうか》など専門分野《せんもんぶんや》に分《わ》かれています。
病気《びょうき》になったりケガをした人《ひと》を診察《しんさつ》して、治療《ちりょう》します。何《なに》より、人《ひと》を愛《あい》してつくす心《こころ》を持《も》っていなければなりません。

医師《いし》には病院《びょういん》に勤《つと》める場合《ばあい》と、自分《じぶん》で病院《びょういん》を経営《けいえい》する個人診療所《こじんしんりょうじょ》があります。

医師《いし》の仕事《しごと》

問診《もんしん》

患者《かんじゃ》から、どこがどのように具合《ぐあい》が悪《わる》いのか、やさしく、ていねいに聞《き》きとります。

診察《しんさつ》

自分《じぶん》の目《め》や耳《みみ》や手《て》を使《つか》って診察《しんさつ》します。

触診《しょくしん》

具合《ぐあい》の悪《わる》いところを手《て》でさわって調《しら》べます。

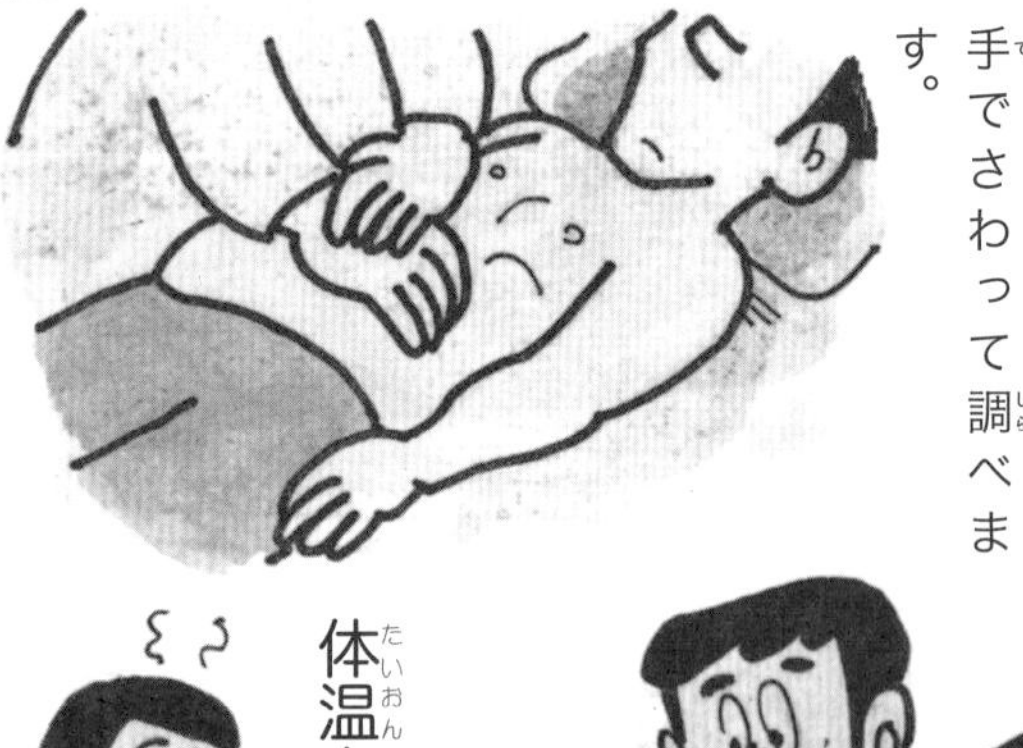

血圧《けつあつ》を測《はか》る

体温《たいおん》を測《はか》る

聴診器《ちょうしんき》

心臓《しんぞう》、肺《はい》、気管《きかん》などの音《おと》を聞《き》いて異常《いじょう》がないか調《しら》べます。

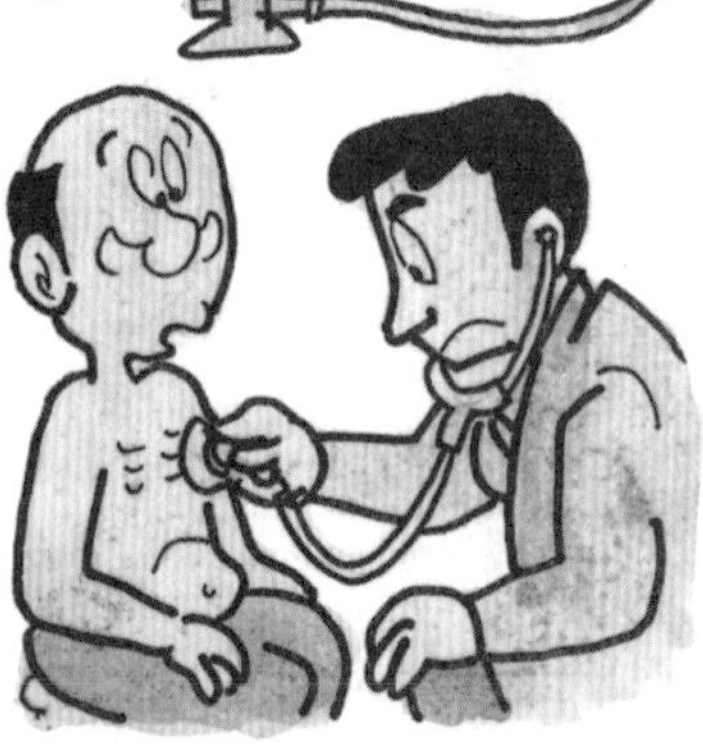

検査《けんさ》

大《おお》きな病院《びょういん》では、診察《しんさつ》が正《ただ》しいか検査《けんさ》をします。医療機器《いりょうきき》を使《つか》うことによって、くわしく調《しら》べることができます。

レントゲンをとって、体《からだ》の内部《ないぶ》をみます。

超音波《ちょうおんぱ》で内臓《ないぞう》をチェックします。

血液《けつえき》や尿《にょう》や便《べん》を化学的《かがくてき》に分析《ぶんせき》します。

MRI《えむあーるあい》で体《からだ》の断面《だんめん》を撮影《さつえい》する病院《びょういん》もあります。

治療《ちりょう》

薬《くすり》

たくさんの薬《くすり》の中から患者《かんじゃ》にあった薬《くすり》をえらびます。

注射《ちゅうしゃ》

その症状《しょうじょう》をやわらげたり、治《なお》したりするために注射《ちゅうしゃ》をします。

重《おも》い病気《びょうき》のときは、入院《にゅういん》や手術《しゅじゅつ》をします。また、個人診療所《こじんしんりょうじょ》で治《なお》せそうもない病気《びょうき》のときは、大《おお》きな病院《びょういん》を紹介《しょうかい》します。

往診《おうしん》

自宅《じたく》で療養《りょうよう》している患者《かんじゃ》の家《いえ》に行《い》って診察《しんさつ》します。

勉強《べんきょう》

新《あたら》しい治療法《ちりょうほう》や薬《くすり》などが次々《つぎつぎ》に出《で》てくるので、常《つね》に勉強《べんきょう》は欠《か》かせません。

看護師《かんごし》

病院《びょういん》や診療所《しんりょうじょ》で医師《いし》のおこなう診察《しんさつ》や治療《ちりょう》の手伝《てつだ》いや、入院患者《にゅういんかんじゃ》のいろいろなお世話《せわ》をします。
看護師《かんごし》に向《む》くのは、人《ひと》のつらさや苦《くる》しみがわかる心《こころ》のやさしい人《ひと》です。また、とてもいそがしいので、体力《たいりょく》も必要《ひつよう》です。

ひと口《くち》に看護師《かんごし》といっても、いくつかの仕事《しごと》に分かれています。

外来患者《がいらいかんじゃ》

診察室《しんさつしつ》にきた患者《かんじゃ》をみる医師《いし》の手伝《てつだ》いをします。

救急患者《きゅうきゅうかんじゃ》

急《きゅう》に病気《びょうき》になったりケガをした人《ひと》が運《はこ》ばれてきたときは、専門《せんもん》の看護師《かんごし》がお世話《せわ》をします。

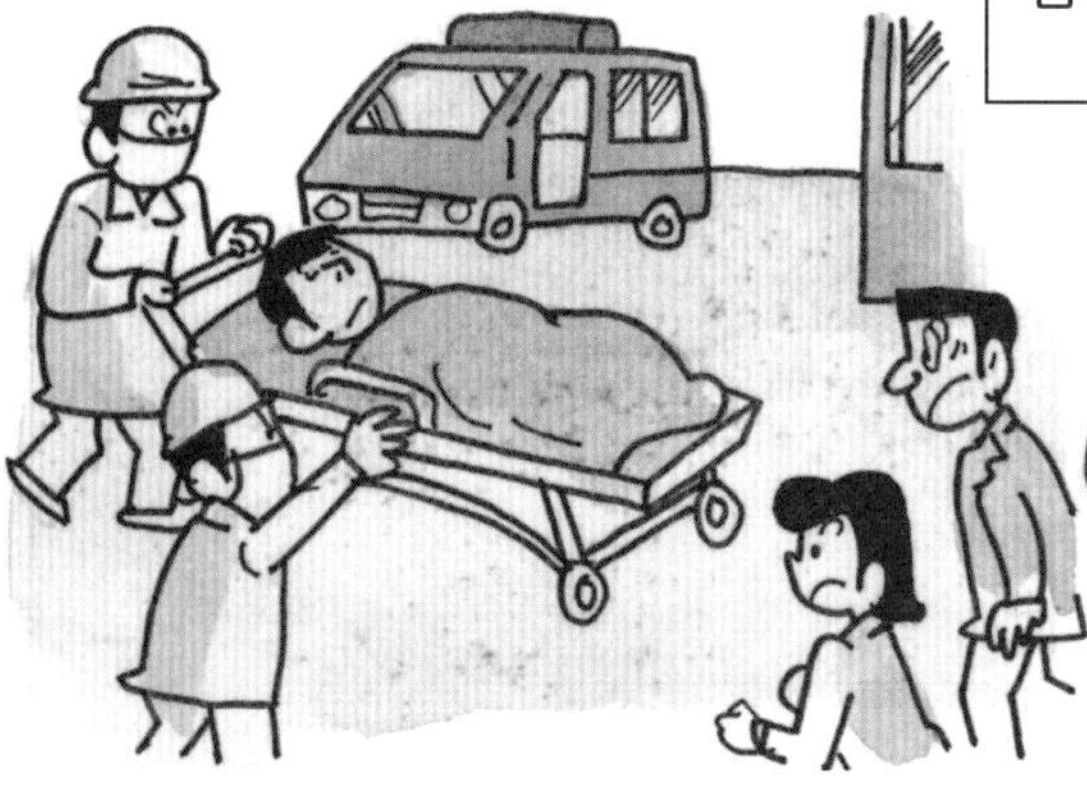

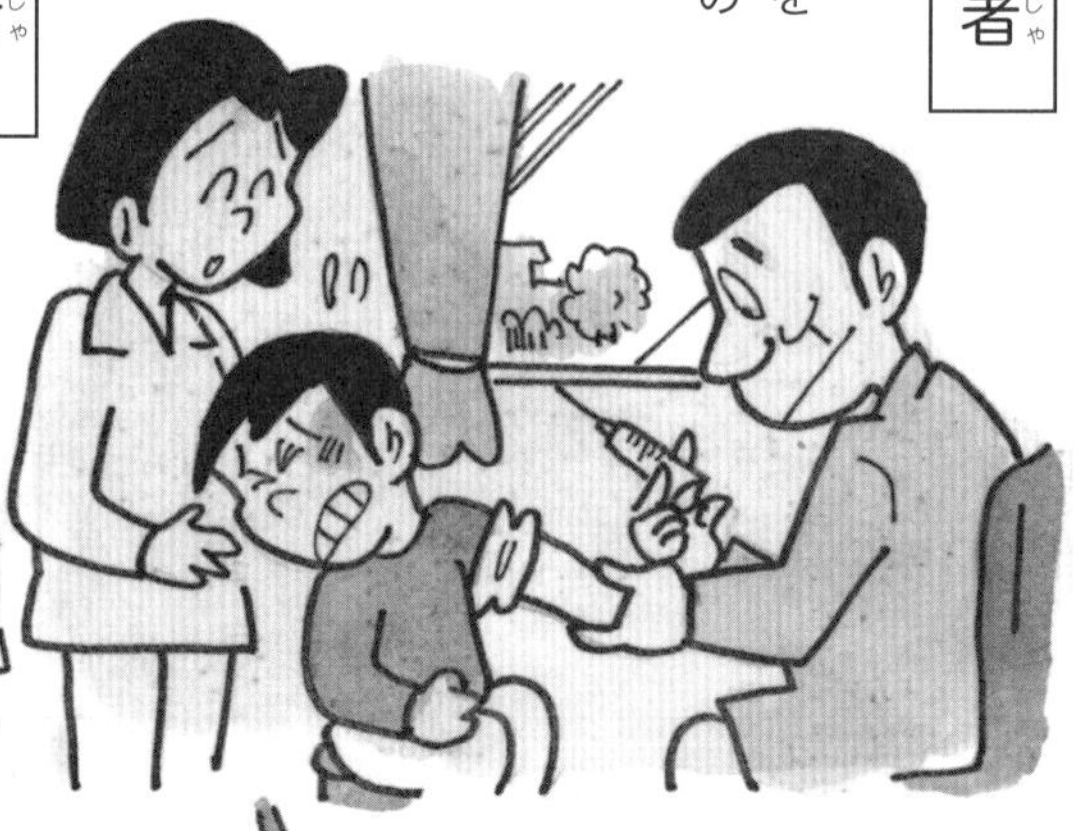

手術《しゅじゅつ》

手術《しゅじゅつ》をする医師《いし》の手伝《てつだ》いは専門《せんもん》の看護師《かんごし》がします。

入院患者《にゅういんかんじゃ》

入院患者《にゅういんかんじゃ》は24時間《じかん》お世話《せわ》をしなければならないので、3交代制《こうたいせい》になっています。

- ●日勤《にっきん》 朝《あさ》の8時《じ》から夕方《ゆうがた》の4時《じ》まで。
- ●準夜勤《じゅんやきん》 午後《ごご》4時《じ》から夜中《よなか》の12時《じ》まで。
- ●夜勤《やきん》 夜中《よなか》の12時《じ》から朝《あさ》の8時《じ》まで。

※すべて目安《めやす》です。

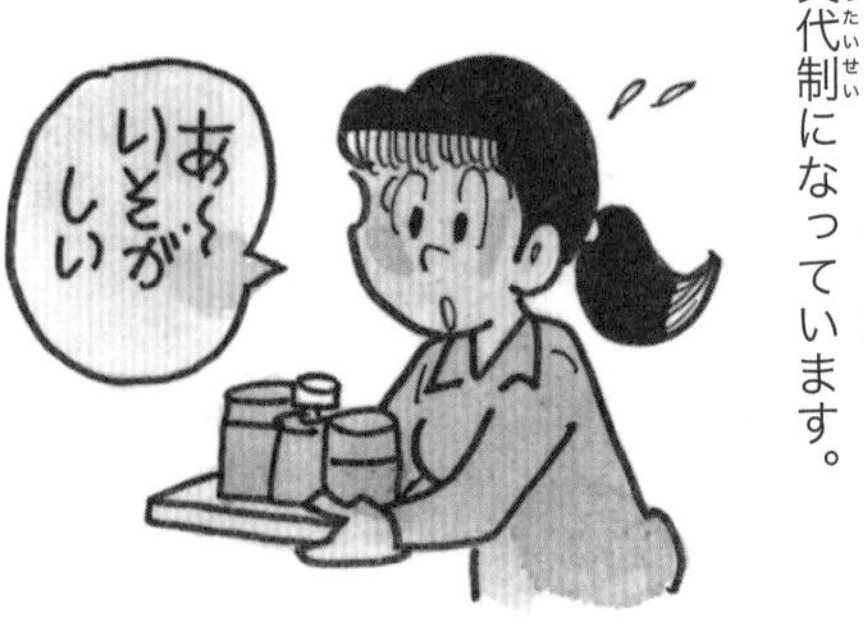
あ〜いそがしい

入院病棟《にゅういんびょうとう》で働《はたら》く看護師《かんごし》の仕事《しごと》

打《う》ち合《あ》わせ（もうしおくり）をして、次《つぎ》の人《ひと》に仕事《しごと》の伝達《でんたつ》をします。

体温《たいおん》や血圧《けつあつ》を測《はか》ります。

手《て》をケガしている人《ひと》などには、食事《しょくじ》の手伝《てつだ》いをします。

必要《ひつよう》な人《ひと》には点滴《てんてき》（体《からだ》に栄養《えいよう》や薬《くすり》を入《い》れる）をします。

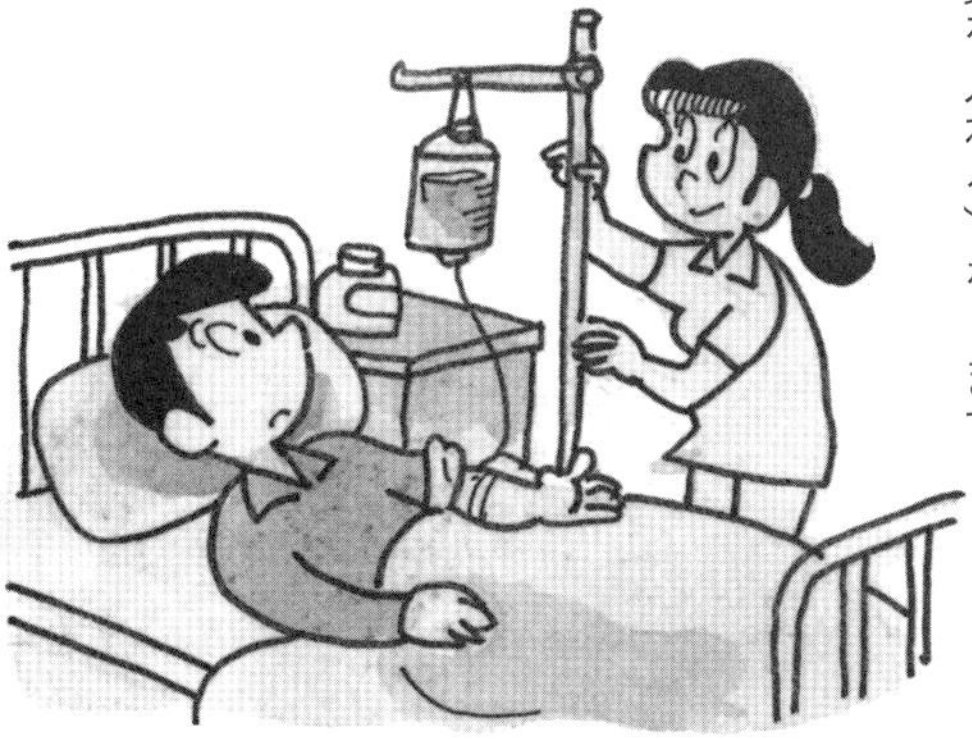

薬《くすり》や注射《ちゅうしゃ》の準備《じゅんび》をします。

ナースコールでよばれたらすぐにかけつけます。

心配《しんぱい》ごとをもっている人《ひと》には話《はなし》を聞《き》いてあげたりして「心《こころ》のケア」をします。

患者《かんじゃ》さんの記録《きろく》を見《み》たり、書類《しょるい》を整理《せいり》するのも大切《たいせつ》な仕事《しごと》です。

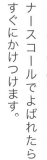

救急救命士《きゅうきゅうきゅうめいし》

事故《じこ》や急病《きゅうびょう》の通報《つうほう》を受《う》けて、救急車《きゅうきゅうしゃ》に乗《の》りこみます。そして、病院《びょういん》に着《つ》くまでの車内《しゃない》で、電話《でんわ》で医師《いし》の指示《しじ》を受《う》けながら適切《てきせつ》な処置《しょち》をするのが救急救命士《きゅうきゅうきゅうめいし》です。

運《はこ》ばれる人《ひと》は赤《あか》ちゃんからお年寄《としよ》りまでおり、症状《しょうじょう》も、内科《ないか》、外科《げか》、小児科《しょうにか》などさまざまな分野《ぶんや》に分《わ》かれるので、広《ひろ》い知識《ちしき》をもっていなければなりません。

救急救命士《きゅうきゅうきゅうめいし》の仕事《しごと》

夜中《よなか》はいつでも出動《しゅつどう》できるよう服《ふく》を着《き》たまま仮眠《かみん》します。

いつも緊張感《きんちょうかん》をもっています。

通報《つうほう》が入《はい》ると1分以内《ぷんいない》に消防署《しょうぼうしょ》を出《で》ます。

3人《にん》ひと組《くみ》で車《くるま》に乗《の》りこみます。

出動回数《しゅつどうかいすう》は年々《ねんねん》ふえています。

救急車《きゅうきゅうしゃ》がサイレンを鳴《な》らして走《はし》っているとき、他《ほか》の車《くるま》は道《みち》をゆずらなければなりません。

現場《げんば》に着《つ》いたらその状況《じょうきょう》に応《おう》じて応急処置《おうきゅうしょち》をします。

救急車《きゅうきゅうしゃ》に運《はこ》びこみます。

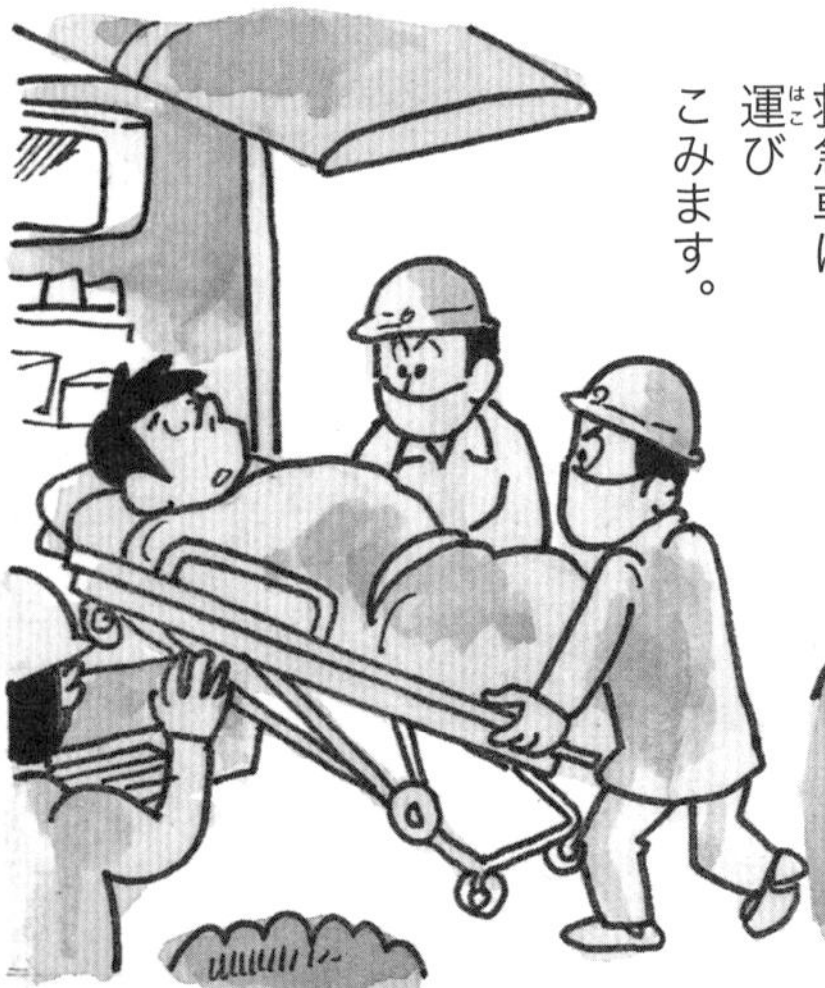

車内《しゃない》は小《ちい》さな病院《びょういん》のように、人工呼吸器《じんこうこきゅうき》、点滴《てんてき》など、いろいろな器具《きぐ》がつみこまれています。

人《ひと》の命《いのち》をあずかる仕事《しごと》です。

病院《びょういん》についたらこれまでの経過《けいか》を伝《つた》え、あとの治療《ちりょう》をまかせます。

＊人工透析《じんこうとうせき》…人工腎臓《じんこうじんぞう》を使《つか》って血液《けつえき》を調《しら》べ、有害物質《ゆうがいぶっしつ》を除去《じょきょ》する治療法《ちりょうほう》。

その他《た》大《おお》きな病院《びょういん》で働《はたら》く人《ひと》

●放射線技師《ほうしゃせんぎし》

レントゲン写真《しゃしん》を撮《と》ります。

●作業療法士《さぎょうりょうほうし》

指先《ゆびさき》など、細《こま》かい動《うご》きがうまくいかなくなった人《ひと》のリハビリをします。

●理学療法士《りがくりょうほうし》

歩行《ほこう》など、体全体《からだぜんたい》の動《うご》きがうまくいかなくなった人《ひと》のリハビリ（＊）をします。

●検査技師《けんさぎし》

患者《かんじゃ》の血液《けつえき》、尿《にょう》、便《べん》などの検査《けんさ》をします。

●臨床工学技士《りんしょうこうがくぎし》

人工呼吸器《じんこうこきゅうき》や、人工透析《じんこうとうせき》（＊）などの機械《きかい》を動《うご》かします。

●診察記録管理士《しんさつきろくかんりし》

医師《いし》の行《おこな》った医療《いりょう》の内容《ないよう》（カルテ）を整理《せいり》、管理《かんり》します。

＊リハビリ…リハビリテーションの略《りゃく》。病気《びょうき》やけがの後遺症《こういしょう》からの回復《かいふく》をはかる指導《しどう》・訓練《くんれん》のこと。

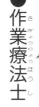

介護福祉士《かいごふくしし》

ひとりでは生活《せいかつ》できないお年寄《としよ》りや、障害《しょうがい》をもった人《ひと》たちの身《み》のまわりのお世話《せわ》をする仕事《しごと》です。
とてもいそがしく、体力《たいりょく》のいる仕事《しごと》ですが、利用者《りようしゃ》さんがよろこんでくれて、やさしい笑顔《えがお》になるとき、この仕事《しごと》を選《えら》んでよかったと思《おも》います。

特別《とくべつ》養護《ようご》老人《ろうじん》ホームの例《れい》

介護体制《かいごたいせい》

勤務《きんむ》は日勤《にっきん》、遅出《おそで》、早出《はやで》、夜勤《やきん》の4シフトに分《わ》かれていて、24時間《じかん》お世話《せわ》します。

打《う》ち合《あ》わせ

利用者《りようしゃ》は記録《きろく》がつけられ、引《ひ》きつぎのときなどに情報交《じょうほうこう》かんされます。

食事《しょくじ》

自分《じぶん》で食事《しょくじ》ができない人《ひと》には手助《てだす》けします。

コミュニケーション

お年寄《としよ》りの性格《せいかく》や症状《しょうじょう》はみなちがうので、それぞれに合《あ》わせて心《こころ》が通《かよ》い合《あ》うように話《はな》をします。

ベッドから車《くるま》いすへ

やさしく抱《だ》きかかえて、ベッドから車《くるま》いすへ移動《いどう》させます。

床《とこ》ずれ防止《ぼうし》

同《おな》じ姿勢《しせい》で寝《ね》ていると床《とこ》ずれができてしまうので、クッションを使《つか》ってやわらげます。

掃除《そうじ》

手早《てばや》くおこないます。

入浴《にゅうよく》

機械浴《きかいよく》そうを使《つか》うと、寝《ね》たままでお風呂《ふろ》に入《い》れます。

おむつ交《こう》かん

おむつがよごれたら交《こう》かんしてきれいにふきます。

健康管理《けんこうかんり》

お年寄《としよ》りの健康状態《けんこうじょうたい》がよくないとき、看護師《かんごし》と相談《そうだん》してお薬《くすり》をあげたりします。

レクリエーション

誕生会《たんじょうかい》や季節《きせつ》ごとのレクリエーションなどをして、みんなに楽《たの》しんでもらいます。

介護福祉士《かいごふくしし》になるには、高校卒業後《こうこうそつぎょうご》、専門《せんもん》の養成学校《ようせいがっこう》で勉強《べんきょう》して資格《しかく》をとるか、実務経験《じつむけいけん》を3年以上《ねんいじょう》積《つ》んだあと、介護福祉士《かいごふくしし》の国家資格試験《こっかしかくしけん》を受《う》けて資格《しかく》をとります。

介護《かいご》に関《かか》わる仕事《しごと》

●ケアマネージャー

介護《かいご》保険《ほけん》を利用《りよう》するとき、利用者《りようしゃ》に合《あ》った介護《かいご》サービスを計画《けいかく》（ケアプラン）する仕事《しごと》です。

●ホームヘルパー

「訪問《ほうもん》介護《かいご》」といいます。介護《かいご》をうける人《ひと》の家《いえ》に行《い》って、生活《せいかつ》の手伝《てつだ》いをします。身体《からだ》の介護《かいご》と家事《かじ》の援助《えんじょ》に分《わ》かれます。

介護《かいご》サービスいろいろ

デイサービス

お年寄《としよ》りが施設《しせつ》に通《かよ》って生活《せいかつ》の世話《せわ》や機能《きのう》の回復《かいふく》訓練《くんれん》をしてもらうサービスのことです。

ショートステイ

日《ひ》ごろ介護《かいご》している家族《かぞく》が何《なん》らかの理由《りゆう》で介護《かいご》できなくなったとき、短《みじか》い間《あいだ》宿泊《しゅくはく》できるサービスのことです。

訪問《ほうもん》リハビリテーション

理学療法士《りがくりょうほうし》や作業療法士《さぎょうりょうほうし》（41ページ）などがお年寄《としよ》りの家《いえ》に行《い》って、いろいろなリハビリテーションを行《おこな》うことです。

介護《かいご》タクシー

お年寄《としよ》りや体《からだ》の不自由《ふじゆう》な人《ひと》、病気《びょうき》の人《ひと》などを車《くるま》を使《つか》って、外《そと》に出《で》る手伝《てつだ》いをします。

刑事《けいじ》

各都道府県《かくとどうふけん》には警察本部《けいさつほんぶ》があり（東京都《とうきょうと》は警視庁《けいしちょう》とよぶ）、その中《なか》に刑事部《けいじぶ》があります。ふく面《めん》パトカー、鑑識係《かんしきがかり》、警察犬係《けいさつけんがかり》などが所属《しょぞく》するのも、刑事部《けいじぶ》です。

刑事《けいじ》は殺人《さつじん》、放火《ほうか》、強盗《ごうとう》、暴力《ぼうりょく》などの犯罪《はんざい》を調《しら》べて、犯人《はんにん》をつかまえます。

刑事《けいじ》にむくのは、強《つよ》い正義感《せいぎかん》と、体力《たいりょく》をもった人《ひと》です。常《つね》に「人《ひと》のために働《はたら》く」という気持《きも》ちをもっていなければなりません。

刑事《けいじ》の仕事《しごと》

事件《じけん》がおきたら、現場《げんば》に直行《ちょっこう》します。

証拠集《しょうこあつ》め

現場百《げんばひゃっ》ぺん（＊）が、捜査《そうさ》の基本《きほん》です。

七《なな》つ道具《どうぐ》

虫《むし》メガネ
警察手帳《けいさつてちょう》
ピストル
白手《しろて》ぶくろ
まき尺《じゃく》
手《て》じょう
警棒《けいぼう》

鑑識係《かんしきがかり》

警察犬係《けいさつけんがかり》といっしょに仕事《しごと》をするので、チームワークが必要《ひつよう》です。

クンクン

聞《き》きこみ

大《おお》ぜいの人《ひと》から情報《じょうほう》を集《あつ》めます。

尾行《びこう》

相手《あいて》に気《き》づかれないようにこっそりとあとをつけて監視《かんし》します。

張《は》りこみ

見張《みは》りのために待機《たいき》します。忍耐力《にんたいりょく》が必要《ひつよう》です。

取《と》り調《しら》べ

容疑者《ようぎしゃ》のことをくわしく調《しら》べたり、関係者《かんけいしゃ》に事情《じじょう》をたずねたりします。

＊現場百《げんばひゃっ》ぺん…現場《げんば》に何回《なんかい》も足《あし》を運《はこ》んで、何《なに》か手《て》がかりを見《み》つけだすこと。

警察官《けいさつかん》

みなさんの生命《せいめい》と財産《ざいさん》を守《まも》るためにあらゆる犯罪《はんざい》の防止《ぼうし》に努力《どりょく》しています。
ひと口《くち》に警察官《けいさつかん》といっても、いろいろな仕事《しごと》に分《わ》かれています。
KŌBAN
○○駅

いろいろな部署《ぶしょ》

刑事部《けいじぶ》
45ページを見《み》てください。

地域部《ちいきぶ》
交番《こうばん》や駐在所《ちゅうざいしょ》に勤務《きんむ》して、犯罪《はんざい》がおきないように地域《ちいき》を見回《みまわ》ります。

交番《こうばん》のおまわりさんは、交代《こうたい》で勤《つと》めています。
町《まち》からはなれた駐在所《ちゅうざいしょ》では、交代《こうたい》の人《ひと》がいないので、家族《かぞく》で住《す》んでいます。
駐在所

●迷子《まいご》の保護《ほご》

うわ～ん

●落《お》としものを預《あず》かる

なくしたの。
拾《ひろ》ったんですけど。

●道案内《みちあんない》

そのビルでしたら…

●自転車《じてんしゃ》やパトカーでパトロール

時《とき》には、酔《よ》っぱらった人《ひと》の世話《せわ》も…
ウィ～
など

交通部《こうつうぶ》

交通事故《こうつうじこ》を防《ふせ》いだり、取《と》りしまりの仕事《しごと》をします。

●交通安全指導《こうつうあんぜんしどう》

交通《こうつう》ルールを指導《しどう》します。

●自転車《じてんしゃ》の乗《の》り方《かた》指導《しどう》

●白《しろ》バイでのパトロール

スピード違反《いはん》や信号無視《しんごうむし》を取《と》りしまります。

●駐車違反《ちゅうしゃいはん》のチェック

生活安全部《せいかつあんぜんぶ》

おもに街頭《がいとう》でおこる犯罪《はんざい》を取《と》りしまります。

●自転車《じてんしゃ》、バイクの盗難《とうなん》の捜査《そうさ》

●少年犯罪《しょうねんはんざい》の防止《ぼうし》

●ひったくりや自販機《じはんき》あらしの捜査《そうさ》

●麻薬《まやく》などの取《と》りしまり

警備部《けいびぶ》

特《とく》に大《おお》きな犯罪《はんざい》を防《ふせ》いだり、VIP《ヴィップ》（社会的《しゃかいてき》に重要《じゅうよう》な地位《ちい》にある人《ひと》）の身《み》を守《まも》ったりします。

総務《そうむ》・警備部《けいびぶ》

おもに新人警察官《しんじんけいさつかん》の配属《はいぞく》を決《き》めたり、働《はたら》きやすい環境《かんきょう》づくりをします。

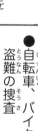

消防士《しょうぼうし》

「地震《じしん》、雷《かみなり》、火事《かじ》、おやじ」という言葉《ことば》どおり、火事《かじ》はとてもおそろしい災害《さいがい》です。家《いえ》や財産《ざいさん》だけでなく、ときには人命《じんめい》もうばってしまいます。
危険《きけん》ととなりあわせの仕事《しごと》ですが、人命《じんめい》を救《すく》えたときのよろこびは何《なに》ものにも代《か》えがたいものです。

消防士《しょうぼうし》は、いくつかの仕事《しごと》に分《わ》かれています

●ポンプ隊《たい》

火事《かじ》のとき、火《ひ》に水《みず》をかけて消火《しょうか》します。

空気呼吸《くうきこきゅう》のマスク

●はしご隊《たい》

ビル火事《かじ》のとき、高《たか》い所《ところ》の消火《しょうか》と人命救助《じんめいきゅうじょ》をします。

→銀色《ぎんいろ》の防火服《ぼうかふく》

●救急隊《きゅうきゅうたい》

けが人《にん》や病人《びょうにん》に応急手当《おうきゅうてあ》てをして病院《びょういん》に運《はこ》びます。

→白衣《はくい》

●特別救助隊《とくべつきゅうじょたい》（レスキュー隊《たい》）

より難易度《なんいど》の高《たか》い人命救助《じんめいきゅうじょ》をおこなう部隊《ぶたい》です。

→オレンジ色《いろ》の防火服《ぼうかふく》

消防士《しょうぼうし》の仕事《しごと》

大交代《だいこうたい》

毎朝《まいあさ》8時《じ》30分《ぷん》に、前日《ぜんじつ》に勤務《きんむ》していた消防士《しょうぼうし》と交代《こうたい》します。

朝《あさ》から翌日《よくじつ》の朝《あさ》まで24時間《じかん》つづけて仕事《しごと》をします。

消防車《しょうぼうしゃ》や道具《どうぐ》の点検《てんけん》と整備《せいび》

訓練《くんれん》

●ポンプ隊《たい》

ホースの使《つか》い方、放水《ほうすい》のやり方《かた》など、火《ひ》を消《け》す訓練《くんれん》をします。

●はしご隊《たい》

はしご車《しゃ》を使《つか》って訓練《くんれん》をします。

●救急隊《きゅうきゅうたい》

出血《しゅっけつ》を止《と》める方法《ほうほう》、人工呼吸《じんこうこきゅう》、心臓《しんぞう》マッサージなどを訓練《くんれん》します。

●特別救助隊《とくべつきゅうじょたい》

ビル火災《かさい》などで逃《に》げおくれた人《ひと》を救助《きゅうじょ》する訓練《くんれん》をします。

事務《じむ》

火事《かじ》のないときは書類《しょるい》を書《か》いたり、消火《しょうか》の勉強《べんきょう》をします。

体力《たいりょく》づくり

ハードな仕事《しごと》なので、常《つね》に体力《たいりょく》づくりをしています。

出動《しゅつどう》

火事《かじ》が発生《はっせい》したら、それぞれの隊《たい》が協力《きょうりょく》して消火《しょうか》にあたります。

火災原因調査《かさいげんいんちょうさ》

なぜ出火《しゅっか》したのか、その原因《げんいん》をつきとめます。

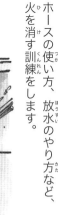

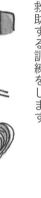

裁判官《さいばんかん》

世《よ》の中《なか》でおこるいろいろな争《あらそ》いを、法律《ほうりつ》を通《とお》して公平《こうへい》に裁《さば》きます。裁判《さいばん》を通《とお》して社会秩序《しゃかいちつじょ》を維持《いじ》します。

人《ひと》の人生《じんせい》を左右《さゆう》することもあるので、とても緊張《きんちょう》する仕事《しごと》です。責任《せきにん》も重大《じゅうだい》です。

裁判官《さいばんかん》の仕事《しごと》

法服《ほうふく》

裁判官《さいばんかん》が法廷《ほうてい》で着《き》ている黒《くろ》いガウンを「法服《ほうふく》」といいます。これは黒《くろ》が他《ほか》の色《いろ》にそまらないことから、公平《こうへい》さをあらわしているものです。

法廷《ほうてい》

民事事件《みんじじけん》、刑事事件《けいじじけん》（52ページ）とともに、訴《うった》えられた人《ひと》、訴《うった》えた人《ひと》の意見《いけん》をよく聞《き》きます。

裁判官室《さいばんかんしつ》

提出《ていしゅつ》された書類《しょるい》を読《よ》んだり、法廷《ほうてい》での疑問点《ぎもんてん》を整理《せいり》したりします。

裁判官室《さいばんかんしつ》は、裁判所《さいばんしょ》の中《なか》にあります。

判決文作成《はんけつぶんさくせい》

まちがいのないようにていねいに仕上《しあ》げます。

判決《はんけつ》

事実《じじつ》を見《み》きわめ、法律《ほうりつ》にてらしあわせて、公平《こうへい》な判断《はんだん》を下《くだ》します。

裁判員制度《さいばんいんせいど》

選挙権《せんきょけん》を持《も》っている国民《こくみん》が、裁判《さいばん》ごとにクジびきで選《えら》ばれ、裁判長《さいばんちょう》といっしょに刑事事件《けいじじけん》を裁判《さいばん》する制度《せいど》です。日本《にほん》では2009年《ねん》5月《がつ》までにはじまる予定《よてい》です。

裁判《さいばん》の様子《ようす》（刑事事件《けいじじけん》の場合《ばあい》）

●裁判長《さいばんちょう》…法廷内《ほうていない》のすべての権限《けんげん》を持《も》っています。判決《はんけつ》を言《い》いわたします。

●裁判官《さいばんかん》…裁判《さいばん》は、３人《にん》の裁判官《さいばんかん》で行《おこな》う「合議制《ごうぎせい》」と、１人で行《おこな》う「単独制《たんどくせい》」があります。

●被告人《ひこくにん》…刑事事件《けいじじけん》で検察側《けんさつがわ》から訴《うった》えられ、裁判《さいばん》を受《う》けている人《ひと》です。

●速記官《そっきかん》…法廷《ほうてい》での発言《はつげん》、やりとりを記録《きろく》します。

●書記官《しょきかん》…法廷《ほうてい》に出《だ》される証拠《しょうこ》や書類《しょるい》の提出《ていしゅつ》をうながすなど、裁判《さいばん》の進行役《しんこうやく》です。

●検察官《けんさつかん》…犯罪《はんざい》を犯《おか》した疑《うたが》いのある人《ひと》を裁判所《さいばんしょ》に訴《うった》え、法廷《ほうてい》で説明《せつめい》をします。

●廷吏《ていり》…裁判官《さいばんかん》の支持《しじ》にしたがって法廷内《ほうていない》の雑務《ざつむ》をします。

●証人《しょうにん》…被害者《ひがいしゃ》や目《もく》げき者《しゃ》が事実《じじつ》を話《はな》します。

●傍聴人《ぼうちょうにん》…どの裁判所《さいばんしょ》でも、だれでも見《み》る（傍聴《ぼうちょう》する）ことができます。人数《にんずう》に制限《せいげん》があります。

●弁護士《べんごし》…くわしくは52ページ。

弁護士《べんごし》

困《こま》っている人《ひと》の立場《たちば》に立《た》って、その人《ひと》の利益《りえき》や人権《じんけん》を守《まも》るために働《はたら》く、法律《ほうりつ》の専門家《せんもんか》です。

弁護士《べんごし》は真実《しんじつ》を追及《ついきゅう》する正義感《せいぎかん》と、感情《かんじょう》に流《なが》されない冷静《れいせい》な判断力《はんだんりょく》が必要《ひつよう》です。専門知識《せんもんちしき》を身《み》につけておかなければならないので、勉強《べんきょう》が欠《か》かせません。

民事事件《みんじじけん》

日常生活《にちじょうせいかつ》で起《お》きた法律上《ほうりつじょう》の争《あらそ》いです。

仕事《しごと》の依頼《いらい》

相談《そうだん》に来《き》た依頼者《いらいしゃ》から困《こま》っていることをくわしく聞《き》きます。

調《しら》べもの

真実《しんじつ》を知《し》るために、証拠《しょうこ》を集《あつ》めます。法律《ほうりつ》の本《ほん》を読《よ》んだり、過去《かこ》の似《に》たような事件判例《じけんはんれい》を比《くら》べたりします。

弁護方針《べんごほうしん》

依頼者《いらいしゃ》と話《はな》し合《あ》って、
①「訴《うった》えをおこす」か、
②「示談《じだん》にする」か決《き》めます。

①裁判《さいばん》

裁判《さいばん》をおこして判決《はんけつ》を出《だ》してもらいます。

②示談《じだん》

双方《そうほう》の弁護士《べんごし》が話《はな》し合《あ》って、お互《たが》いが納得《なっとく》する形《かたち》で解決《かいけつ》します。これを「示談《じだん》」といいます。

刑事事件《けいじじけん》

窃盗事件《せっとうじけん》や殺人事件《さつじんじけん》など、警察《けいさつ》がかかわる事件《じけん》です。

接見《せっけん》

刑事事件《けいじじけん》はりゅうち場《じょう》や、警察署《けいさつしょ》で身柄《みがら》をこうそくされている被疑者《ひぎしゃ》（疑《うたが》いをかけられている人《ひと》）からくわしく話《はなし》を聞《き》くことからはじまります。これを「接見《せっけん》」といいます。

自衛官《じえいかん》

日本《にほん》の安全《あんぜん》と平和《へいわ》を守《まも》る仕事《しごと》です。そのため、常《つね》に訓練《くんれん》をしています。

集団《しゅうだん》で行動《こうどう》することが多《おお》いので、協調性《きょうちょうせい》はもちろん、体力《たいりょく》が必要《ひつよう》です。自衛官《じえいかん》になるには、学校《がっこう》を卒業《そつぎょう》したあと、「自衛官採用試験《じえいかんさいようしけん》」に合格《ごうかく》します。

自衛隊《じえいたい》の組織《そしき》

●陸上自衛隊《りくじょうじえいたい》

日本《にほん》の陸上《りくじょう》の安全《あんぜん》を守《まも》ります。約《やく》15万人《まんにん》います。

●海上自衛隊《かいじょうじえいたい》

日本《にほん》の海《うみ》の安全《あんぜん》を守《まも》ります。約《やく》4万《まん》5000人《にん》います。

●航空自衛隊《こうくうじえいたい》

日本《にほん》の空《そら》の安全《あんぜん》を守《まも》ります。約《やく》4万《まん》8000人《にん》います。

自衛官《じえいかん》の役目《やくめ》

①国《くに》の防衛《ぼうえい》

もし外国《がいこく》の軍隊《ぐんたい》が攻《せ》めてきたときは追《お》い返《かえ》します。

②国際貢献《こくさいこうけん》

外国《がいこく》で、戦争《せんそう》や災害《さいがい》があったときは、助《たす》けに行《い》きます。

③災害派遣《さいがいはけん》

台風《たいふう》や地震《じしん》がおきたとき、都道府県知事《とどうふけんちじ》などの要請《ようせい》をうけて、救助活動《きゅうじょかつどう》を行《おこな》います。

コンビニエンスストア

コンビニエンスストアは日本語《にほんご》で「便利《べんり》な店《みせ》」という意味《いみ》です。必要《ひつよう》な品物《しなもの》をいつでも買《か》うことができるのが魅力《みりょく》です。
まず大切《たいせつ》なのは、感《かん》じのよい接客態度《せっきゃくたいど》です。また、店内《てんない》を清潔《せいけつ》に保《たも》つ心《こころ》くばりも必要《ひつよう》です。

お店《みせ》ではコンピューターが大活躍《だいかつやく》しています

POS（ポス）システム
レジ係《かかり》がお客《きゃく》さんの性別《せいべつ》と、何時《なんじ》に何《なに》を買《か》ったか、入力《にゅうりょく》します。

ピッ
ピッ

グラフィックオーダーターミナル
品物《しなもの》を注文《ちゅうもん》するとき、数《かず》などの目安《めやす》を教《おし》えてくれます。

スキャナーターミナル
「検品《けんぴん》」といって、注文数《ちゅうもんすう》と商品名《しょうひんめい》が出《で》てくるので確認《かくにん》します。

ストア・コンピューター
店《みせ》には「バックルーム」という部屋《へや》があり、レジや他《ほか》のコンピューターすべてとつながっています。

本部《ほんぶ》
店《みせ》のストアコンピューターは本部《ほんぶ》の超大型《ちょうおおがた》コンピューターとつながっていて、それぞれの店《みせ》に、いろいろな指示《しじ》をします。

また、地域《ちいき》の天気予報《てんきよほう》（3時間《じかん》ごとにストアコンピューターに情報《じょうほう》が入《はい》る）や行事《ぎょうじ》を考《かんが》えて売《う》り方《かた》を工夫《くふう》します。

超大型コンピュータ

ひとつの店《みせ》に
約《やく》3000種類《しゅるい》もの
品物《しなもの》があるので、
陳列《ちんれつ》も工夫《くふう》します。
よく売《う》れる
商品《しょうひん》は目立《めだ》つ所《ところ》に
置《お》いたり、
こども向《む》けの
品物《しなもの》は、
見《み》やすい
下《した》の方《ほう》のたなに
置《お》きます。

飲《の》み物《もの》は
たなの裏側《うらがわ》から
入《い》れます。
たなは裏側《うらがわ》の
方《ほう》が少《すこ》し
高《たか》くなっていて、
品物《しなもの》を入《い》れると
すべって
前《まえ》の方《ほう》に
いきます。

お弁当《べんとう》や
おにぎりは
たいてい
早朝《そうちょう》5時《じ》ごろ、
お昼《ひるすこ》少し前《まえ》、
夕方《ゆうがた》4時《じ》ごろの
3回《かい》届《とど》けられ
ます。

レジは
お客《きゃく》さんを
待《ま》たせない
ようにする
ため、
1店《てん》に
2台《だい》以上《いじょう》
あります。

そうじは
お客《きゃく》さんが
少《すく》ないときに
します。
午前《ごぜん》10時《じ》ごろ、
真夜中《まよなか》の
12時《じ》ごろの
2回《かい》ほど
おこないます。

商品《しょうひん》の販売《はんばい》以外《いがい》にもこんなサービスをしています

●宅配便《たくはいびん》

●チケットの予約販売《よやくはんばい》

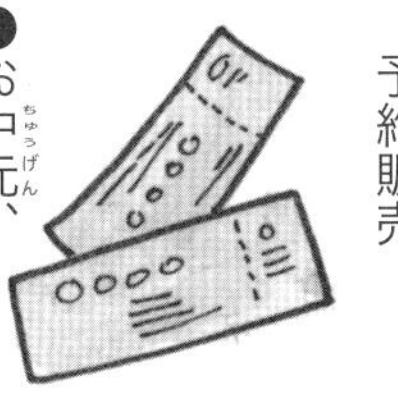

●お中元《ちゅうげん》、お歳暮《せいぼ》などのおくりもの

●引《ひ》っ越《こ》しサービス

●コピー、ファックス

●写真《しゃしん》のプリント

●電気《でんき》、水道《すいどう》、電話《でんわ》、ガス料金《りょうきん》の支払《しはら》い

スーパーマーケット

スーパーマーケットはふつう「スーパー」とよばれています。毎日《まいにち》のくらしに必要《ひつよう》なものをなるべく安《やす》く売《う》る店《みせ》です。
スーパーには食料品《しょくりょうひん》だけをあつかう「食料品《しょくりょうひん》スーパー」と、いろいろなものをあつかう「大型総合《おおがたそうごう》スーパー」などがあります。

大型総合《おおがたそうごう》スーパーの場合《ばあい》

食料品売場《しょくりょうひんうりば》

たいてい地下一階《ちかいっかい》にあります。

野菜《やさい》
魚《さかな》
くだもの
肉《にく》
おそうざい
など

衣料品売場《いりょうひんうりば》

季節《きせつ》の服《ふく》がならびます。

婦人服《ふじんふく》
紳士服《しんしふく》
こども服《ふく》
など

本売場《ほんうりば》

雑誌《ざっし》から辞典《じてん》までそろっています。

おもちゃ・文具《ぶんぐ》日用雑貨売場《にちようざっかうりば》

豊富《ほうふ》な品《しな》ぞろえにします。

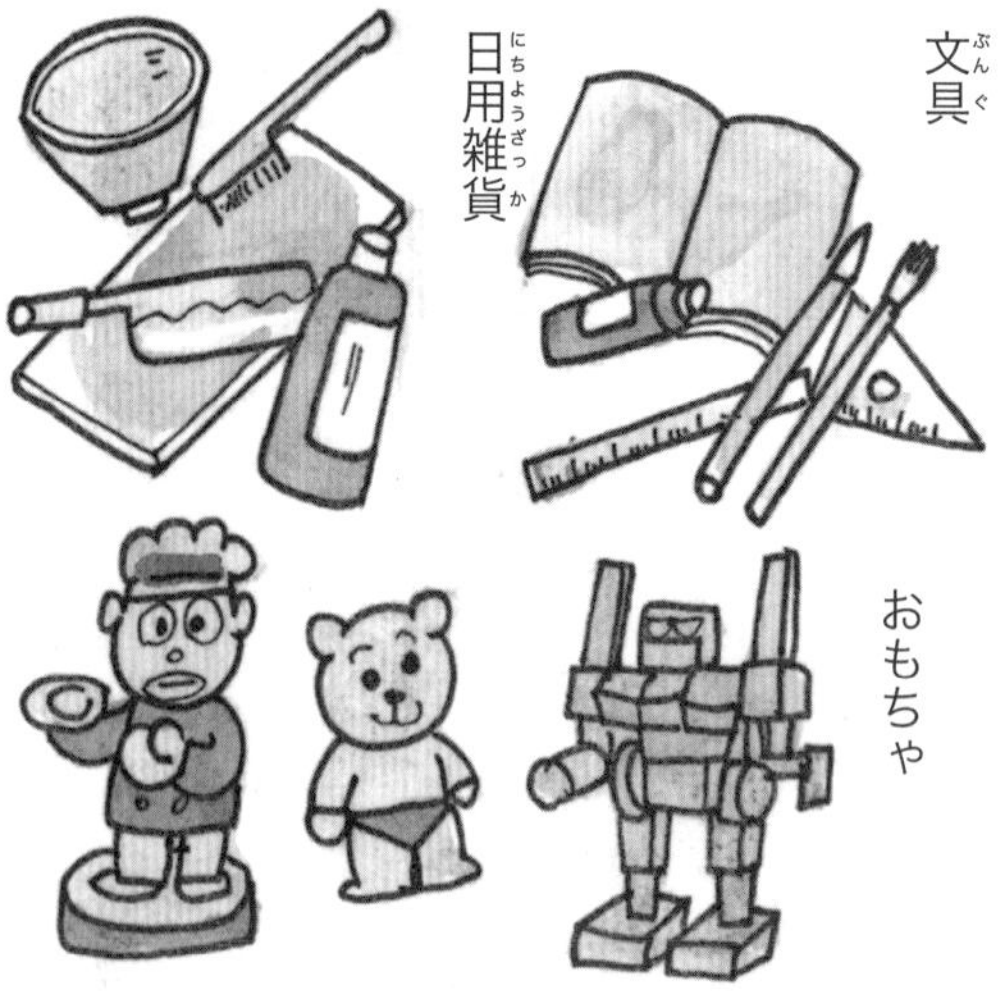
文具《ぶんぐ》
日用雑貨《にちようざっか》
おもちゃ

電気製品売場《でんきせいひんうりば》

テレビ

洗濯機《せんたくき》

冷蔵庫《れいぞうこ》

掃除機《そうじき》

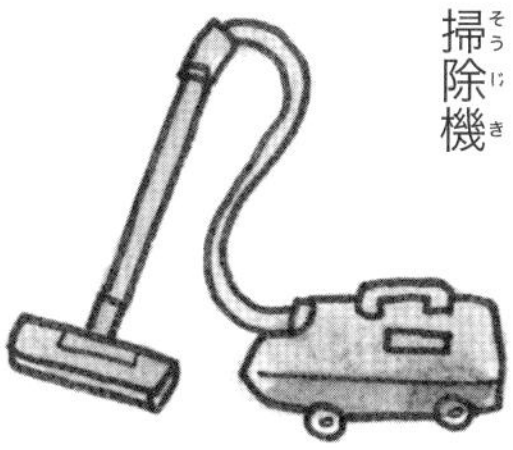

など

家具売場《かぐうりば》

テーブル

ソファ

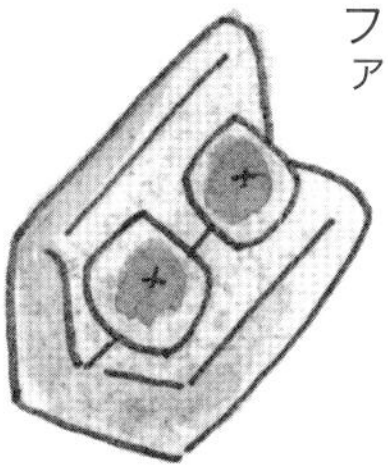

ベッド

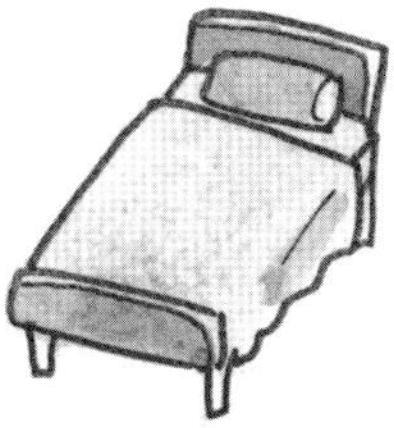

タンス

など

専門店《せんもんてん》

その他《ほか》いろいろな専門店《せんもんてん》が入っています。

ハンバーガーショップ

レストラン

など

プライベートブランド

日本中《にほんじゅう》に店《みせ》のある大《おお》きなスーパーは、メーカーと協力《きょうりょく》して独自《どくじ》の商品《しょうひん》を作《つく》ることもあります。これを「PB」（プライベートブランド）といいます。

リサイクル

使《つか》われたものを捨《す》てずに再利用《さいりよう》するリサイクル活動《かつどう》もしています。

食品《しょくひん》トレイ

アルミ缶《かん》

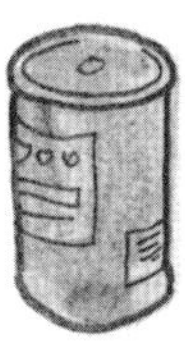

牛乳《ぎゅうにゅう》パック

ポリエチレン袋《ぶくろ》

店長《てんちょう》の仕事《しごと》

開店前《かいてんまえ》に前日《ぜんじつ》の売《う》りあげをコンピューターを見《み》て点検《てんけん》します。

そのあと、それぞれの売場《うりば》の責任者《せきにんしゃ》からの報告《ほうこく》や意見《いけん》を聞《き》いて話《はな》し合《あ》います。

お客《きゃく》さんの意見《いけん》もたくさんとりいれて、よりよい店《みせ》にしていきます。

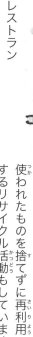

花屋《はなや》

いつも花《はな》にかこまれて一見《いっけん》メルヘンチックな仕事《しごと》のようですが、実《じつ》はけっこう大変《たいへん》な仕事《しごと》なのです。花《はな》を長持《ながも》ちさせるため、冬《ふゆ》も暖房《だんぼう》を入《い》れない店《みせ》もあるくらいです。
でも、お客《きゃく》さんによろこんでもらえたときは、とってもうれしいですね。

花屋《はなや》の仕事《しごと》

仕入《しい》れ

朝早《あさはや》く、花市場《はないちば》に新鮮《しんせん》な花《はな》を仕入《しい》れに行《い》きます。きれいで、じょうぶで、長持《ながも》ちする花《はな》を選《えら》びます。

売《う》れ残《のこ》ってむだにならないように、計算《けいさん》して適切《てきせつ》な量《りょう》を仕入《しい》れます。

店《みせ》まで運《はこ》ぶ

花《はな》が傷《いた》まないように、ていねいに店《みせ》まで運《はこ》びます。

準備《じゅんび》

花《はな》が長持《ながも》ちするよう、茎《くき》の先《さき》を切《き》って水《みず》につけます。

チョキン

これを「水《みず》あげ」といいます。

茎《くき》の下《した》の方《ほう》の葉《は》を、手《て》でしごきます。

ゴシ
ゴシ

また、一本一本《いっぽんいっぽん》切《き》りそろえます。

陳列《ちんれつ》

それぞれの花《はな》がいちばんきれいに見《み》えるように、置《お》く場所《ばしょ》を考《かんが》えます。

販売《はんばい》

どんな花《はな》がいいかしら？

お客《きゃく》さんの相談《そうだん》にものります。

フラワーアレンジメント

お客《きゃく》さんの好《この》みに合《あ》わせて、花束《はなたば》をつくったりします。

これは女房《にょうぼう》もよろこぶよ。

管理《かんり》

鉢《はち》植《う》えの花《はな》に水《みず》やりしたり、枯《か》れた花《はな》をとり除《のぞ》きます。

花《はな》の種類《しゅるい》はとても多《おお》く、新《あたら》しい品種《ひんしゅ》も次々《つぎつぎ》に出《で》てくるので、勉強《べんきょう》はかかせません。

重《おも》いものを運《はこ》ぶので、腰痛《ようつう》になったり、手《て》が荒《あ》れたりします。

花

店《みせ》じまい

店頭《てんとう》に置《お》いたものは中《なか》に入《い》れ、きれいにそうじします。

花屋《はなや》になるには、学歴《がくれき》や資格《しかく》はいりません。花《はな》が好《す》きだという気持《きも》ちと、重労働《じゅうろうどう》に負《ま》けない体力《たいりょく》が必要《ひつよう》です。

郵便局員《ゆうびんきょくいん》

（日本郵政《にほんゆうせい》グループ　郵便局株式会社職員《ゆうびんきょくかぶしきがいしゃしょくいん》）

みなさんから預《あず》かった郵便物《ゆうびんぶつ》を、早《はや》く、正確《せいかく》に届《とど》けます。夏《なつ》の暑《あつ》さや冬《ふゆ》の寒《さむ》さの中《なか》でも、安全運転《あんぜんうんてん》で地域《ちいき》をまわります。
郵便局員《ゆうびんきょくいん》になるには、特《とく》に資格《しかく》などは必要《ひつよう》ありません。ただし、配達《はいたつ》をする場合《ばあい》はバイクを使《つか》うので、配属先《はいぞくさき》によっては運転免許《うんてんめんきょ》が必要《ひつよう》になることもあります。
LETERS

郵便物《ゆうびんぶつ》の流《なが》れ

投函《とうかん》

ポストに手紙《てがみ》やハガキを入《い》れます。

ポストの中《なか》には袋《ふくろ》があって、そのままとり出《だ》せるようになっています。

POST

収集《しゅうしゅう》

一日《いちにち》に何回《なんかい》か郵便物《ゆうびんぶつ》を集《あつ》めてまわり、いったん大《おお》きな郵便局《ゆうびんきょく》に運《はこ》びます。

分類《ぶんるい》

「取《と》り揃《そろ》え押印機《おういんき》」に郵便物《ゆうびんぶつ》を入《い》れると、大《おお》きさによって分類《ぶんるい》されます。スタンプも機械《きかい》が押《お》してくれます。

決《き》まった大《おお》きさの郵便物《ゆうびんぶつ》を機械《きかい》に入《い》れると、郵便番号別《ゆうびんばんごうべつ》に分類《ぶんるい》してくれます。

郵便番号《ゆうびんばんごう》が書《か》いていない、字《じ》が読《よ》みづらい、決《き》まった大《おお》きさではない、そんな手紙《てがみ》は人間《にんげん》の手《て》でひとつずつ分《わ》けています。

集《あつ》まった郵便物《ゆうびんぶつ》は、行《ゆ》き先《さき》ごとに袋《ふくろ》に入《い》れ、トラックで運《はこ》ばれます。

配達《はいたつ》

整理《せいり》

自分《じぶん》の担当《たんとう》する地域《ちいき》の住所《じゅうしょ》を細《こま》かく仕分《しわ》けします。

かばんづめ

配達《はいたつ》する順番《じゅんばん》にていねいにかばんにつめていきます。

出発《しゅっぱつ》

雨《あめ》の日《ひ》も風《かぜ》の日《ひ》も、休《やす》まず配達《はいたつ》します。

みんなの郵便受《ゆうびんう》けに入《い》れます。現金書留《げんきんかきとめ》や速達《そくたつ》などは住《す》んでいる人《ひと》に直接《ちょくせつ》渡《わた》します。

家《いえ》の近《ちか》くの郵便局《ゆうびんきょく》の仕事《しごと》

・ハガキや切手《きって》を売《う》る
・小包《こづつ》みを預《あず》かる
・貯金《ちょきん》を受《う》け付《つ》ける
・保険《ほけん》の相談《そうだん》を受《う》ける

など

宅配便《たくはいびん》ドライバー

とても便利《べんり》で、今《いま》や生活《せいかつ》に欠《か》かせなくなったのが宅配便《たくはいびん》です。決《き》められた時間内《じかんない》に全国各地《ぜんこくかくち》に荷物《にもつ》を届《とど》けます。
宅配《たくはい》ドライバーに向《む》くのは、もちろん運転《うんてん》が大好《だいす》きだということも大切《たいせつ》ですが、責任感《せきにんかん》が強《つよ》く、体力《たいりょく》も必要《ひつよう》なのです。
たくはい

宅配便《たくはいびん》の流《なが》れ

受《う》けつけ

宅配《たくはい》をあつかっているお店《みせ》に荷物《にもつ》を出《だ》し、伝票《でんぴょう》を書《か》きます。

電話《でんわ》をしてとりにきてもらうこともできます。

収集《しゅうしゅう》

宅配便《たくはいびん》を集《あつ》める自動車《じどうしゃ》がたくさんのお店《みせ》をまわります。

コンビニ
たくはい

たくはい
コンビニー

営業所《えいぎょうしょ》

荷物《にもつ》を集《あつ》めた運転手《うんてんしゅ》は営業所《えいぎょうしょ》に戻《もど》ってきます。

集配所《しゅうはいじょ》で荷物《にもつ》を行《い》き先別《さきべつ》に分《わ》けます。

このとき、コンピューターが大活躍《だいかつやく》します。

トラックターミナル

今度《こんど》は荷物《にもつ》を大《おお》きなトラックに積《つ》んで、トラックターミナルまで運《はこ》びます。

ターミナルはとても大《おお》きな建物《たてもの》です。

荷物《にもつ》はベルトコンベアにのせられて行《ゆ》き先別《さきべつ》に分《わ》けられます。

荷物《にもつ》を積《つ》んだトラックはそれぞれの営業所《えいぎょうしょ》に向《む》けて走《はし》ります。

営業所《えいぎょうしょ》にとう着《ちゃく》します。

配達《はいたつ》

荷物《にもつ》を配達区域《はいたつくいき》ごとに分《わ》け、宅配《たくはい》トラックに積《つ》みこみます。

宅配《たくはい》トラックの運転席《うんてんせき》は、伝票《でんぴょう》や書類《しょるい》を処理《しょり》する機械《きかい》がいっぱいです。

一軒一軒《いっけんいっけん》まわり、荷物《にもつ》をわたして、印《いん》かん（ハンコ）をもらいます。

宅配《たくはい》ドライバーになるには、普通免許《ふつうめんきょ》をとって、宅配会社《たくはいがいしゃ》の採用試験《さいようしけん》に合格《ごうかく》します。そのあと、適正《てきせい》テストがあります。

ホテルマン

宿泊《しゅくはく》やパーティなどでホテルを利用《りよう》するお客様《きゃくさま》がここちよく過《す》ごせるようサービスをするのが仕事《しごと》です。

何《なん》といっても細《こま》やかな心《こころ》づかいが大切《たいせつ》です。ホテルマンになるには、普通《ふつう》の学校《がっこう》かホテル専門学校《せんもんがっこう》を卒業《そつぎょう》したあと、それぞれの採用条件《さいようじょうけん》に合《あ》ったホテルに就職《しゅうしょく》します。

ホテルで働《はたら》く人《ひと》たち

総支配人《そうしはいにん》

ホテルで働《はたら》く人《ひと》たちを監督《かんとく》します。

ドアマン・ドアガール

正面玄関《しょうめんげんかん》でお客《きゃく》の出《で》むかえ、見送《みおく》りをします。

クローク

お客《きゃく》のコートや荷物《にもつ》をあずかります。

フロント

宿泊《しゅくはく》の手《て》つづきなど、お客《きゃく》の窓口《まどぐち》として働《はたら》きます。

ベルボーイ・ベルガール

お客《きゃく》の荷物《にもつ》を持《も》ったり、カートにのせて部屋《へや》まで運《はこ》びます。

コンシェルジュ

観光名所《かんこうめいしょ》やレストランなど、お客《きゃく》の知《し》りたい情報《じょうほう》を提供《ていきょう》します。

ルームキーパー

シーツやタオルをかえたり、部屋《へや》のそうじをします。

ルームサービス

飲《の》み物《もの》や食《た》べ物《もの》を部屋《へや》まで運《はこ》びます。

マネージャー

レストランの責任者《せきにんしゃ》で、入口《いりぐち》でお客様《きゃくさま》をむかえ、席《せき》まで案内《あんない》します。

ウェイター・ウェイトレス

お客様《きゃくさま》の注文《ちゅうもん》を聞《き》き、飲食物《いんしょくぶつ》をテーブルに運《はこ》びます。

料理人《りょうりにん》（コック）

レストランや宴会《えんかい》での食事《しょくじ》をつくります。

宴会《えんかい》サービス

結婚披露宴《けっこんひろうえん》やパーティなど、宴会《えんかい》の準備《じゅんび》・進行《しんこう》をします。

宿泊予約係《しゅくはくよやくがかり》

電話《でんわ》などで宿泊《しゅくはく》の問《と》い合《あ》わせや、予約《よやく》をうけつけます。

会計《かいけい》

宿泊代《しゅくはくだい》を精算《せいさん》して料金《りょうきん》をうけとります。

ありがとうございました

ブライダルコーディネーター

結婚式《けっこんしき》の進行《しんこう》など、さまざまなサービスをうけおいます。新郎《しんろう》、新婦《しんぷ》とお客《きゃく》さんに楽《たの》しんでもらい、感動《かんどう》するような式《しき》を演出《えんしゅつ》します。

ブライダルコーディネーターになるには、資格《しかく》はいりません。でも、結婚式《けっこんしき》に対《たい》する幅広《はばひろ》い知識《ちしき》が必要《ひつよう》です。そのための専門学校《せんもんがっこう》もあります。

ブライダルコーディネーターの仕事《しごと》

結婚《けっこん》するカップルと、どんな結婚式《けっこんしき》にするか打《う》ち合《あ》わせをします。

予算《よさん》
どれくらいお金《かね》をかけるか。

規模《きぼ》
何人《なんにん》くらいお客《きゃく》さんをよぶか。

料理《りょうり》
どんな内容《ないよう》にするか。

引《ひ》き出物《でもの》
お客《きゃく》さんにどんな物《もの》をおくるか。

お色直《いろなお》し
どんな服装《ふくそう》にして、何回《なんかい》するか。

司会《しかい》
司会者《しかいしゃ》が決《き》まったら、司会者《しかいしゃ》もまじえて打《う》ち合《あ》わせします。

BGM《ビージーエム》
バックにどんな音楽《おんがく》を流《なが》すか。

余興《よきょう》
会場《かいじょう》が盛《も》り上《あ》がるように、誰《だれ》に何《なに》をやってもらうか。

進行表《しんこうひょう》
全体《ぜんたい》の時間《じかん》の流《なが》れを決《き》めます。

バスガイド

観光地《かんこうち》をおとずれる人《ひと》に名所《めいしょ》、歴史《れきし》などをわかりやすく説明《せつめい》するのが主《おも》な仕事《しごと》です。

ツアー

バスガイドに向《む》くのは、ほとんど立《た》ちっぱなしの仕事《しごと》なので、健康《けんこう》に自信《じしん》のある人《ひと》、そして初対面《しょたいめん》の人《ひと》とすぐ仲《なか》よくなれる、社交性《しゃこうせい》のある人《ひと》です。

バスガイドの仕事《しごと》

観光案内の説明書は会社が用意してくれるので、まずはそれを覚《おぼ》えます。さらに自分《じぶん》で勉強《べんきょう》します。

インターネットや本《ほん》で調《しら》べます。

現地《げんち》に行《い》って、いろいろと話《はなし》を聞《き》きます。

どんな質問《しつもん》をされても答《こた》えられるように、豊富《ほうふ》な知識《ちしき》が必要《ひつよう》です。

そして、自分《じぶん》の持《も》ち味《あじ》が出《で》るように工夫《くふう》します。

かわいい感《かん》じで…
ギャグを入《い》れて…

バスの中《なか》では、歌《うた》を歌《うた》ったり、ゲームをしたりして、楽《たの》しくすごせるようにします。

あっはっ
ははは

説明《せつめい》も、参加者《さんかしゃ》に合《あ》わせた内容《ないよう》にします。たとえば、小学生《しょうがくせい》の修学旅行《しゅうがくりょこう》ならわかりやすく話《はな》します。

安全運転《あんぜんうんてん》のため、運転手《うんてんしゅ》の補助《ほじょ》をします。

ピッ
ピッ

バスガイドになるには、高校《こうこう》以上《いじょう》を卒業《そつぎょう》したあとバス会社《がいしゃ》に就職《しゅうしょく》して、バスガイドの訓練《くんれん》を受《う》けます。

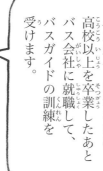

ツアーコンダクター

一般《いっぱん》に「添乗員《てんじょういん》」とよばれます。お客《きゃく》さんにとって楽《たの》しい思《おも》い出《で》になる旅行《りょこう》にできるようにお手伝《てつだ》いします。

とても気《き》をつかう仕事《しごと》ですが、ケガや事故《じこ》もなく、解散《かいさん》のときに「とても楽《たの》しかった」と言《い》われると、うれしいですね。

ツアーコンダクターの仕事《しごと》

出発前《しゅっぱつまえ》に参加者《さんかしゃ》に電話連絡《でんわれんらく》します。

このたびはありがとうございます。
現地《げんち》は寒《さむ》いので、あたたかい服装《ふくそう》にしてください。

参加者《さんかしゃ》に旅行日程《りょこうにってい》や注意事項《ちゅういじこう》を伝《つた》えます。

観光中《かんこうちゅう》は迷子《まいご》が出《で》ないように、また、お年寄《としよ》りが遅《おく》れないように目《め》を配《くば》ります。

集合《しゅうごう》したとき、全員《ぜんいん》がいるかどうか確認《かくにん》します。

25、26、27…

天候《てんこう》や交通機関《こうつうきかん》のトラブルなどで予定《よてい》を変更《へんこう》しなければならないときはきちんと対応《たいおう》します。

旅行中《りょこうちゅう》に必要《ひつよう》になったお金《かね》は集《あつ》めて、管理《かんり》します。

外国旅行《がいこくりょこう》では、習慣《しゅうかん》がちがう国《くに》もあるので、よけいに気配《きくば》りが必要《ひつよう》になります。

遊園地職員《ゆうえんちしょくいん》
（テーマパーク、アミューズメントパーク）

おとずれた人《ひと》に、時間《じかん》のたつのも忘《わす》れてしまうくらい楽《たの》しんでもらう仕事《しごと》です。常《つね》に笑顔《えがお》で、礼儀《れいぎ》正《ただ》しく接《せっ》します。

遊園地《ゆうえんち》で働《はたら》くには、資格《しかく》のいらないものもありますが、乗《の》り物《もの》の整備士《せいびし》や修理《しゅうり》など、資格《しかく》の必要《ひつよう》なものもあります。

遊園地《ゆうえんち》ではたくさんの人《ひと》が、いろいろな仕事《しごと》をしています。

チケットの販売《はんばい》

受付《うけつけ》

乗《の》り物係《ものがかり》

レストラン、みやげ物屋《ものや》

乗《の》り物《もの》の点検《てんけん》、整備《せいび》

清掃《せいそう》

樹木《じゅもく》、花《はな》の手《て》入れ

スタッフの教育《きょういく》

事務《じむ》、経理《けいり》、営業《えいぎょう》

など

大工《だいく》

家《いえ》は一生《いっしょう》で一番高《いちばんたか》い買《か》い物《もの》です。それだけに、住《す》む人《ひと》が喜《よろこ》んでくれるような家《いえ》を建《た》てなければ、と、責任《せきにん》を感《かん》じます。
うれしいことに、小学生《しょうがくせい》のなりたい職業《しょくぎょう》でも上位《じょうい》に入《はい》っています。でも、いつも危険《きけん》と背中合《せなかあ》わせで、かなりの重労働《じゅうろうどう》です。

大工《だいく》の仕事《しごと》

打《う》ち合《あ》わせ

家《いえ》を注文《ちゅうもん》したお客《きゃく》さん（施主《せしゅ》）と打《う》ち合《あ》わせします。

・家《いえ》の大《おお》きさ
・間取《まど》り
・予算《よさん》
・工事《こうじ》期間《きかん》
…など

工務店《こうむてん》

設計図《せっけいず》

設計図《せっけいず》は建築士《けんちくし》がつくります。図面《ずめん》はむずかしいものですが、仕事《しごと》をしながら覚《おぼ》えていきます。

材料《ざいりょう》の仕入《しい》れ

家《いえ》を建《た》てるのに必要《ひつよう》な材料《ざいりょう》を選《えら》んで発注《はっちゅう》します。

・木材《もくざい》
・ドア
・窓《まど》
・キッチンセット
…など

下準備《したじゅんび》

日本《にほん》の一戸建《いっこだ》ての家《いえ》は、多《おお》くが木造《もくぞう》です。あらかじめ木材《もくざい》を設計図《せっけいず》に合《あ》わせて加工《かこう》します。

すみ入《い》れ

切《き》ったり、穴《あな》をあけたりするところに、すみ入《い》れ（印《しるし》をつける）します。

すみつぼ

短《みじか》い線《せん》は、竹《たけ》をけずった筆《ふで》で書《か》きます。

加工《かこう》きざみ

すみ入《い》れ線《せん》に合《あ》わせて切《き》っていきます。

ギーコ
ギーコ

のこぎりだけで、10種類《しゅるい》もあります。

ほぞとり

柱《はしら》や土台《どだい》にいろいろな形《かたち》の凸（ほぞ）凹（ほぞ穴《あな》）をつくっていきます。

トントン
トン

のみだけで30種類《しゅるい》以上《いじょう》あります。

とぎ

道具《どうぐ》は常《つね》によく切《き》れるようにといでおきます。

シャカ
シャカ

電気《でんき》ドリルや電気《でんき》カンナも使《つか》います。

ガガガガガ
ブルルン
ブルルン

建《た》て前《まえ》

家《いえ》の骨組《ほねぐ》みをつくります。下《した》から順《じゅん》に組《く》み立《た》て、最後《さいご》に屋根《やね》の板《いた》をのせます。

上棟式《じょうとうしき》

工事中《こうじちゅう》、ケガなどしないように、また、住《す》む人《ひと》が幸《しあわ》せになるように儀式《ぎしき》をします。いろいろなやり方《かた》があります。

造作《ぞうさく》

家《いえ》の中《なか》のかべや、天井《てんじょう》、床《ゆか》などをつくります。

トントン
トン

大工《だいく》になるには、工務店《こうむてん》や住宅《じゅうたく》メーカーに就職《しゅうしょく》するか、棟梁《とうりょう》（大工《だいく》の親方《おやかた》）に弟子入《でしい》りして仕事《しごと》を覚《おぼ》えます。

建築士《けんちくし》

住《す》む人《ひと》が毎日《まいにち》を快適《かいてき》にすごせるよう、また働《はたら》きやすいよう、住宅《じゅうたく》やビルの設計《せっけい》をします。

毎年《まいとし》おこなわれている一級建築士《いっきゅうけんちくし》の試験《しけん》は、受験者《じゅけんしゃ》のうち、わずか1割強《わりきょう》しか合格《ごうかく》しないという狭《せま》き門《もん》です。

建築士《けんちくし》の種類《しゅるい》

一級建築士《いっきゅうけんちくし》

学校《がっこう》、病院《びょういん》など、面積《めんせき》が500平方《へいほう》メートル以上《いじょう》の建物《たてもの》、鉄筋《てっきん》コンクリート構造《こうぞう》で、面積《めんせき》がのべ300平方《へいほう》メートルの建物《たてもの》を扱《あつか》えます。

二級建築士《にきゅうけんちくし》

面積《めんせき》が500平方《へいほう》メートル以下《いか》の一般建築物《いっぱんけんちくぶつ》を扱《あつか》えます。

木造建築士《もくぞうけんちくし》

木造《もくぞう》で、のべ300平方《へいほう》メートル以下《いか》の建物《たてもの》を扱《あつか》えます。

現地視察《げんちしさつ》

家《いえ》を建《た》てる現地《げんち》に行《い》き、どんな環境《かんきょう》か見《み》ます。

話《はな》し合《あ》い

注文主《ちゅうもんぬし》と話《はな》し合《あ》います。

・家《いえ》の大《おお》きさ
・間取《まど》り
・予算《よさん》
・工事期間《こうじきかん》

…など

設計《せっけい》

設計図《せっけいず》を書《か》きます。今《いま》ではパソコンを使《つか》うことが多《おお》くなっています。

もけい

設計図《せっけいず》だけでなく、もけいをつくると、どんな家《いえ》かイメージがわかりやすくなります。

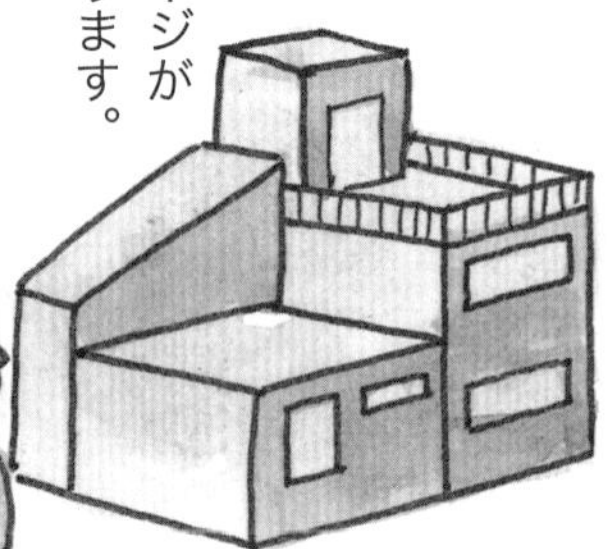

工務店《こうむてん》に引《ひ》きつぐ

設計図《せっけいず》を工務店《こうむてん》に渡《わた》し、工事《こうじ》がはじまります。建築現場《けんちくげんば》に行《い》って、進行状態《しんこうじょうたい》を見《み》ます。

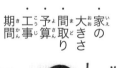

不動産業《ふどうさんぎょう》

不動産《ふどうさん》とは「動《うご》かない財産《ざいさん》」という意味《いみ》で、土地《とち》や建物《たてもの》のことです。
不動産業《ふどうさんぎょう》は、不動産《ふどうさん》の売《う》り買《か》いをしたり、貸《か》りたりするときの仲立《なかだ》ちをする仕事《しごと》です。

土地《とち》や建物《たてもの》はとても高《たか》いものなので、売《う》り手《て》と買《か》い手《て》の双方《そうほう》が納得《なっとく》いくように、気《き》を配《くば》ります。

不動産業《ふどうさんぎょう》の仕事《しごと》

これくらいの金額《きんがく》で不動産《ふどうさん》を
・貸《か》したい
または、
・売《う》りたい

これくらいの予算《よさん》で不動産《ふどうさん》を
・借《か》りたい
または、
・買《か》いたい

それぞれの希望《きぼう》に合《あ》う物件《ぶっけん》をさがして紹介《しょうかい》します。

契約成立《けいやくせいりつ》

ビルやマンションの管理《かんり》をする会社《かいしゃ》もあります。

ビル管理《かんり》
・建物点検《たてものてんけん》
・工事《こうじ》
・通知《つうち》
・防火管理《ぼうかかんり》
…など

マンション管理《かんり》
・総会《そうかい》
・理事会運営《りじかいうんえい》
・各種契約《かくしゅけいやく》
・防火管理《ぼうかかんり》
…など

大《おお》きな不動産会社《ふどうさんがいしゃ》には、大規模《だいきぼ》な土地開発《とちかいはつ》や、町《まち》づくりなどをするところもあります。

不動産《ふどうさん》の仲立《なかだ》ちをするには、宅地建設取引主任者《たくちけんせつとりひきしゅにんしゃ》(略《りゃく》して宅建主任《たっけんしゅにん》)という資格《しかく》をもった人《ひと》の立《た》ち合《あ》いが必要《ひつよう》です。
不動産業者《ふどうさんぎょうしゃ》は、この資格《しかく》を持《も》った人《ひと》が一《ひと》つの営業所《えいぎょうしょ》につき5人《にん》にひとりの割合《わりあい》でいなければならないという決《き》まりがあります。

宅建主任《たっけんしゅにん》の資格《しかく》をとるには、高校卒業以上《こうこうそつぎょういじょう》の学力《がくりょく》があるか、不動産《ふどうさん》の仕事《しごと》を2年以上経験《ねんいじょうけいけん》して、「宅地建設取引主任者試験《たくちけんせつとりひきしゅにんしゃしけん》」に合格《ごうかく》します。

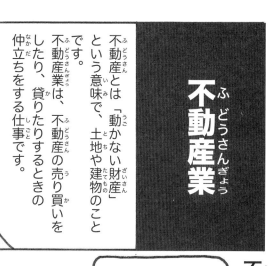

俳優《はいゆう》（タレント）

いろいろな役《やく》を演《えん》じることで、さまざまな人生《じんせい》を体験《たいけん》できるのが、俳優《はいゆう》のおもしろいところです。そして、みんなに感動《かんどう》を与《あた》えられるのが最高《さいこう》です。
俳優《はいゆう》に必要《ひつよう》なのは個性《こせい》と表現力《ひょうげんりょく》です。競争《きょうそう》のきびしい世界《せかい》なので、へこたれない根気強《こんきづよ》さも必要《ひつよう》です。

俳優《はいゆう》とタレントとの違《ちが》い

「俳優《はいゆう》」（または女優《じょゆう》）は主《おも》に舞台《ぶたい》、テレビドラマ、映画《えいが》などの中《なか》で演技《えんぎ》する仕事《しごと》。「タレント」は主《おも》にテレビのバラエティ番組《ばんぐみ》などに出演《しゅつえん》する芸能人《げいのうじん》をさします。でも、最近《さいきん》は俳優《はいゆう》がタレントの仕事《しごと》をしたり、逆《ぎゃく》にタレントが俳優《はいゆう》と同《おな》じように役者《やくしゃ》をやったりと、あまり区別《くべつ》がつかなくなっています。

悪役俳優《あくやくはいゆう》が…

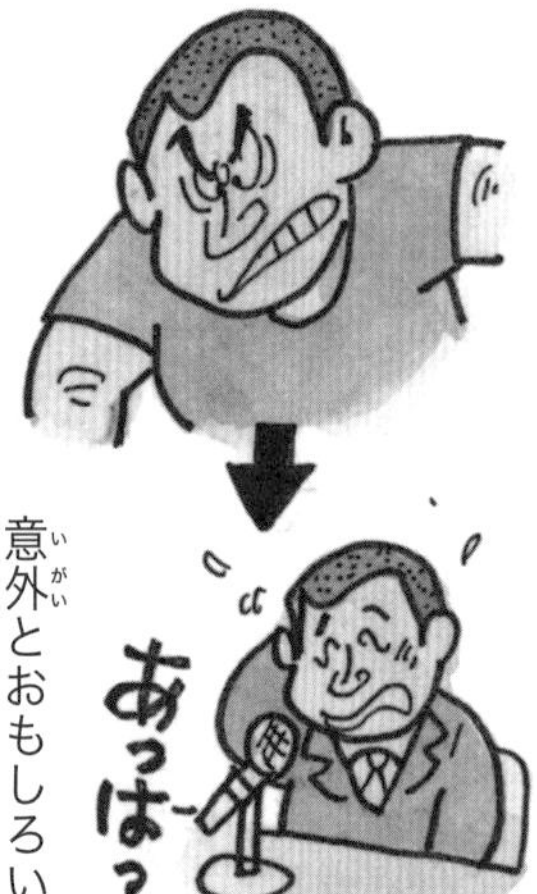
あっはっは

バラエティ番組《ばんぐみ》に出《で》ると…

意外《いがい》とおもしろい人《ひと》。

タレントやお笑《わら》い芸人《げいにん》が…

映画俳優《えいがはいゆう》になると…

意外《いがい》と演技《えんぎ》が上手《じょうず》。

役《やく》づくり

脚本《きゃくほん》を読《よ》んで自分《じぶん》の演《えん》じる人物《じんぶつ》のキャラクターをつくっていきます。

テレビドラマ
○○○○
○○放送
性格《せいかく》は？
趣味《しゅみ》は？すきな食《た》べ物《もの》は？
こんなとき、どんな考《かんが》え方《かた》をするか？

取材《しゅざい》することもあります。

セリフを覚《おぼ》える

どう表現《ひょうげん》していくか考《かんが》えながら、頭《あたま》に入《はい》るまで何度《なんど》も読《よ》み返《かえ》します。

セリフの読《よ》みあわせ

演出家《えんしゅつか》や出演者《しゅつえんしゃ》が集《あつ》まって、動《うご》きをつけずにセリフだけを読《よ》みあわせます。

立《た》ちげいこ

セリフや動《うご》きを合《あ》わせていきます。

映画《えいが》・テレビドラマ

ストーリーものは、最初《さいしょ》から順番《じゅんばん》に撮影《さつえい》していくわけではありません。部分的《ぶぶんてき》にたくさん撮《と》っておいたものを、あとで編集《へんしゅう》して、1本《ぽん》のドラマにします。

俳優《はいゆう》は出番《でばん》までの待《ま》ち時間《じかん》がとても長《なが》くなることがあります。ふつう1時間《じかん》のテレビドラマをとるのに、2～3週間《しゅうかん》かかります。

あたしの出番《でばん》まだ？
はあ〜

舞台《ぶたい》

お客《きゃく》さんが目《め》の前《まえ》にいて、反応《はんのう》がすぐ返《かえ》ってくるので、とても緊張《きんちょう》します。やり直《なお》しがきかないので、高《たか》い演技力《えんぎりょく》が求《もと》められます。

1か月《げつ》もの長《なが》い間《あいだ》の公演《こうえん》もあります。健康《けんこう》に気《き》をつけ、体力《たいりょく》づくりも欠《か》かせません。

えっほ
えっほ

有名《ゆうめい》になってくると、コマーシャルやイベントへの出演《しゅつえん》など、いろいろな仕事《しごと》が入《はい》ってきます。

新発売《しんはつばい》

俳優《はいゆう》になるには劇団《げきだん》、俳優養成所《はいゆうようせいじょ》、芸能《げいのう》プロダクションに所属《しょぞく》して指名《しめい》されるか、数多《かずおお》くある各種《かくしゅ》オーディションに応募《おうぼ》して合格《ごうかく》します。

映画監督《えいがかんとく》

1本《いっぽん》の映画《えいが》を作《つく》るには、大《おお》ぜいのスタッフがかかわっています。その人《ひと》たちをまとめて映画《えいが》を完成《かんせい》させるのが、映画監督《えいがかんとく》の仕事《しごと》です。
観《み》てくれたお客《きゃく》さんが楽《たの》しんでくれたり、感動《かんどう》してくれたりすると、それまでの苦労《くろう》も忘《わす》れます。

映画監督《えいがかんとく》の仕事《しごと》

企画《きかく》

どんな映画《えいが》を作《つく》るか企画《きかく》を立《た》てます。映画会社《えいがかいしゃ》が立《た》てる場合《ばあい》や、監督《かんとく》が立《た》てる場合《ばあい》など、いろいろあります。

脚本《きゃくほん》づくり

監督《かんとく》の意見《いけん》を聞《き》いて、脚本家《きゃくほんか》が脚本《きゃくほん》をつくります。監督自《かんとくみずか》ら書《か》くこともあります。

配役《はいやく》の決定《けってい》

この役《やく》はどの俳優《はいゆう》にやってもらうか決《き》めます。また、スタッフも決《き》めます。

絵《え》コンテ

どのように撮影《さつえい》するか、絵《え》であらわしたもの（絵《え》コンテ）を描《か》きます。

撮影準備《さつえいじゅんび》

スタッフの責任者《せきにんしゃ》を集《あつ》めて、映画《えいが》の内容《ないよう》を説明《せつめい》して、それぞれの仕事《しごと》の指示《しじ》を出《だ》します。

映画《えいが》制作《せいさく》に関《かか》わるスタッフ

これらのスタッフに指示《しじ》を出《だ》します。

●カメラ
チャンスをのがさず、カメラを回《まわ》します。

●美術《びじゅつ》
大道具《おおどうぐ》、小道具《こどうぐ》を準備《じゅんび》します。

●録音《ろくおん》
セリフや音《おと》をきれいにとります。

●照明《しょうめい》
撮影《さつえい》の効果《こうか》を高《たか》めるため、明《あか》るくしたり、暗《くら》くしたりします。

など

撮影《さつえい》

撮影中《さつえいちゅう》は監督《かんとく》がカメラの横《よこ》に座《すわ》って、現場《げんば》を仕切《しき》ります。

俳優《はいゆう》に演技指導《えんぎしどう》をします。

編集《へんしゅう》

1場面《ばめん》ごとにバラバラに撮影《さつえい》された映像《えいぞう》を、ストーリーどおりにつなぎ合《あ》わせていきます。

ダビング

撮影《さつえい》されたものはセリフしか入《はい》っていないので、監督《かんとく》の指《し》示《じ》にしたがって、スタッフが効果音《こうかおん》や音楽《おんがく》を入れます。

ズバッ
ズバッ

舞台《ぶたい》あいさつ

映画公開《えいがこうかい》に合《あ》わせて、俳優《はいゆう》とともに映画館《えいがかん》であいさつすることもあります。

映画監督《えいがかんとく》になるには、制作会社《せいさくかいしゃ》に就職《しゅうしょく》するか、コンクールで認《みと》められて助監督《じょかんとく》（監督《かんとく》の助手《じょしゅ》）となり、修行《しゅぎょう》を積《つ》みます。

クラシック演奏家《えんそうか》

楽器《がっき》を演奏《えんそう》して、聴《き》く人《ひと》に感動《かんどう》ややすらぎを与《あた》えます。音楽《おんがく》に国境《こっきょう》はありません。世界《せかい》を相手《あいて》にできる仕事《しごと》です。

プロになるには高《たか》い技術《ぎじゅつ》が必要《ひつよう》ですが、それだけではなく、自分《じぶん》の個性《こせい》を打《う》ち出《だ》す意志《いし》も必要《ひつよう》です。

クラシック演奏家《えんそうか》の仕事《しごと》

クラシック演奏家《えんそうか》にはオーケストラ（管弦楽団《かんげんがくだん》）の一員《いちいん》として所属《しょぞく》する場合《ばあい》と、ソリスト（独奏家《どくそうか》）として個人《こじん》で活動《かつどう》する人《ひと》がいます。

●オーケストラ

●ソリスト

楽器《がっき》によってはオーケストラとソリストと両方演奏《りょうほうえんそう》する場合《ばあい》もあります。

レッスン（練習《れんしゅう》）はとても大事《だいじ》です。コンサートのない日《ひ》でも毎日何時間《まいにちなんじかん》も練習《れんしゅう》します。

音楽学校《おんがくがっこう》や自宅《じたく》で生徒《せいと》に指導《しどう》する人《ひと》もたくさんいます。

クラシック演奏家《えんそうか》になるには、音楽系《おんがくけい》の専門学校《せんもんがっこう》や大学《だいがく》を卒業《そつぎょう》するか、コンサートで入賞《にゅうしょう》して認《みと》められた後《あと》、音楽事務所《おんがくじむしょ》に所属《しょぞく》するか、音楽家《おんがくか》に弟子入《でしい》りして、プロになります。
ピアノやバイオリンのプロの人《ひと》は、ほとんどの人《ひと》が3〜4歳《さい》くらいから練習《れんしゅう》をはじめています。

いろいろなミュージシャン

●ロックミュージシャン

ロック好《ず》きの仲間《なかま》が集《あつ》まってバンドを結成《けっせい》するのがほとんどです。ひと口《くち》にロックといっても、いろいろなジャンルがあります。

●シンガーソングライター

自分《じぶん》で作詞《さくし》・作曲《さっきょく》をして歌《うた》うミュージシャンです。使《つか》う楽器《がっき》は主《おも》にピアノやギターです。いろいろなことをひとりでこなすので、特《とく》に才能《さいのう》が必要《ひつよう》です。

●ジャズミュージシャン

ジャズの生命《いのち》はアドリブ（即《そっ》興演奏）なので、特《とく》に高《たか》い技術《ぎじゅつ》と音楽理論《おんがくりろん》に加《くわ》え、ひらめきが必要《ひつよう》です。ジャズの本場《ほんば》アメリカに留学《りゅうがく》する人《ひと》もたくさんいます。

●スタジオミュージシャン

コンサートよりスタジオの演奏《えんそう》が中心《ちゅうしん》になります。CD、CM、サウンドトラック（映画音楽《えいがおんがく》）など、さまざまな注文《ちゅうもん》をうけるので、幅広《はばひろ》い表現力《ひょうげんりょく》と高《たか》い演奏能力《えんそうのうりょく》が必要《ひつよう》です。

歌手《かしゅ》

ひと口《くち》に歌手《かしゅ》といっても、演歌《えんか》、ロック、ジャズ、民謡《みんよう》、オペラ、ミュージカルなどいろいろなジャンルがあり、歌《うた》い方《かた》もちがいます。でも、どんなジャンルでも、自分《じぶん》の歌《うた》がみんなを元気《げんき》づけたり、いやしたりできたときは、ホントにうれしいです。

歌唱力《かしょうりょく》は練習《れんしゅう》で上達《じょうたつ》しますが、本当《ほんとう》に人々《ひとびと》を感動《かんどう》させられるのは内面《ないめん》からにじみ出《で》る表現力《ひょうげんりょく》です。歌手《かしゅ》にむいているのは、何《なに》よりも歌《うた》うことが大好《だいす》きな人《ひと》です。

歌手《かしゅ》の仕事《しごと》

ほとんどのプロの歌手《かしゅ》は、芸能《げいのう》プロダクションに所属《しょぞく》していて、マネージャーといっしょに行動《こうどう》します。

今日《きょう》のスケジュールは…

レコーディング

CDをつくるため、スタジオで録音《ろくおん》をします。

オリジナル曲《きょく》（自分《じぶん》だけの曲《きょく》）の他《ほか》、他《ほか》の歌手《かしゅ》のコーラスをしたり、CMソングを歌《うた》うこともあります。

ライブ・コンサート

お客《きゃく》さんの前《まえ》で歌《うた》います。

テレビ出演《しゅつえん》

ラジオ出演《しゅつえん》

など

歌手《かしゅ》に発声練習《はっせいれんしゅう》はかかせません。

腹式呼吸《ふくしきこきゅう》も大切《たいせつ》です。

生活《せいかつ》が不規則《ふきそく》になりやすいので、体調管理《たいちょうかんり》にも気《き》を配《くば》ります。

体力《たいりょく》づくり

睡眠《すいみん》

食事《しょくじ》

競争《きょうそう》がはげしい世界《せかい》なので、常《つね》に自分自身《じぶんじしん》をみがいていなければ、あきられてしまいます。

声優《せいゆう》

アニメに声《こえ》を吹《ふ》きこんだり（アフレコ）、外国映画《がいこくえいが》に日本語《にほんご》のセリフを吹《ふ》きかえたり（アテレコ）するのが、声優《せいゆう》の仕事《しごと》です。声《こえ》の個性《こせい》を発揮《はっき》することが大切《たいせつ》です。

声優《せいゆう》も俳優《はいゆう》の一種《いっしゅ》ですから、演技力《えんぎりょく》が必要《ひつよう》です。最近《さいきん》では声優《せいゆう》からアイドルになって、タレントとして活躍《かつやく》している人《ひと》もいます。

声優《せいゆう》の仕事《しごと》

役《やく》づくり

その役《やく》を引《ひ》きうけたら、役《やく》づくりをします。

どんな声《こえ》、どんなしゃべり方《かた》をしようかな。

練習《れんしゅう》

声《こえ》に出《だ》して台本《だいほん》を何回《なんかい》も読《よ》みます。

収録《しゅうろく》

・映像《えいぞう》を見《み》る。
・台本《だいほん》を読《よ》む。
・相手《あいて》のセリフを聞《き》く。

この３つの神経《しんけい》が大切《たいせつ》です。

30分《ぷん》のアニメの場合《ばあい》、3時間《じかん》から5時間《じかん》かかります。

出《だ》していいのは声《こえ》だけ。くしゃみもできません。靴《くつ》の音《おと》もだめです。

その他《ほか》の声優《せいゆう》の仕事《しごと》

●イベントの司会《しかい》

●ナレーション

●DJ

●CMの声《こえ》

●歌手《かしゅ》

…など、活動《かつどう》の場《ば》はどんどん広《ひろ》がっていっています。

声優《せいゆう》になるには、劇団《げきだん》や声優養成所《せいゆうようせいじょ》、芸能《げいのう》プロダクションに所属《しょぞく》したのち指名《しめい》されるか、オーディションに合格《ごうかく》してデビューします。

落語家《らくごか》

落語《らくご》は日本《にほん》を代表《だいひょう》する芸能《げいのう》（話芸《わげい》）のひとつです。歴史《れきし》は古《ふる》く、江戸時代《えどじだい》に生《う》まれました。
たった一人《ひとり》で何人《なんにん》もの役《やく》をこなします。みんなに楽《たの》しんでもらって、ストレス解消《かいしょう》になってくれたらうれしいですね。
○亭○蔵

落語家《らくごか》の仕事《しごと》と出世《しゅっせ》のしかた

東京《とうきょう》の落語家《らくごか》は、前座《ぜんざ》、二《ふた》ツ目《め》、真打《しんう》ちと3つの段階《だんかい》に分かれます。

入門《にゅうもん》

師匠《ししょう》のもとに弟子《でし》入りします。師匠《ししょう》の身《み》のまわりの世話《せわ》をしながら、礼儀作法《れいぎさほう》などを学《まな》びます。

時間《じかん》をみつけて、自分《じぶん》で落語《らくご》のけいこをします。

だから俺は…
まあまあ
そう言わないで

前座《ぜんざ》

師匠《ししょう》の前《まえ》で実際《じっさい》に落語《らくご》をして認《みと》められると、前座《ぜんざ》になります。前座《ぜんざ》になると、落語家《らくごか》としての名前《なまえ》をもらえます。前座《ぜんざ》は、落語《らくご》以外《いがい》にもいろいろな仕事《しごと》をしなければなりません。

おはやしのたいこを叩《たた》きます。

トントコ
トントッ
トコトン

高座帳《こうざちょう》に演目《えんもく》を記入《きにゅう》します。

「めくり」（＊）を返《かえ》します。

○家○平
なおと

＊めくり…演者《えんじゃ》、演目《えんもく》の名前《なまえ》を書《か》いた紙《かみ》。

二ツ目《ふため》

さらに師匠《ししょう》に認《みと》められると二ツ目《ふため》になります。寄席《よせ》などの出演《しゅつえん》も多《おお》くなってきます。

羽織《はお》りを着《き》ることも許《ゆる》されます。

落語《らくご》には昔《むかし》からある話《はなし》（古典《こてん》）と、自分《じぶん》でつくる話《はなし》（新作《しんさく》）があります。
どちらを演《えん》じるにしても、ただ覚《おぼ》えるだけではだめで、自分《じぶん》の個性《こせい》を出《だ》さなければなりません。
オンボロ長屋

見立《みた》て

せんすと手《て》ぬぐいだけで、いろいろな表現《ひょうげん》をします。

そばをすすっているところ。

本《ほん》を読《よ》んでいるところ。

手紙《てがみ》を書《か》いているところ。

そろばんをはじいているところ。

真打《しんう》ち

修業《しゅぎょう》を積《つ》み、人気《にんき》も出《で》てくると、真打《しんう》ちになります。師匠《ししょう》と呼《よ》ばれるようになります。

入門《にゅうもん》してから真打《しんう》ちになるまでに、平均《へいきん》して15年《ねん》くらいかかります。

高座《こうざ》では、演目《えんもく》に関《かか》わりのある小《こ》ばなしが語《かた》られ（まくら）、本節《ほんせつ》へと進《すす》みます。

あっはっ
ははは
はははは

仕事《しごと》の場所《ばしょ》

寄席《よせ》（落語《らくご》を上演《じょうえん》する演芸場《えんげいじょう》）

その他《ほか》

イベント

ラジオ

司会《しかい》

テレビ

など

お笑《わら》い芸人《げいにん》（漫才師《まんざいし》）

2人の会話《かいわ》だけでお客《きゃく》さんを笑《わら》わせます。しゃべることだけではなく、センスも重要《じゅうよう》です。

漫才師《まんざいし》になるには、漫才師《まんざいし》に弟子《でし》入りするか、コンテストに出場《しゅつじょう》するか、養成所《ようせいじょ》に入《はい》るかしたあと、プロダクションに入《はい》ります。

お笑《わら》い芸人《げいにん》の仕事《しごと》と活躍《かつやく》のしかた

相方《あいかた》さがし

コンビを組《く》む場合《ばあい》は相方《あいかた》をさがします。兄弟姉妹《きょうだいしまい》、友《とも》だち、夫婦《ふうふ》など、いろいろあります。

ツッコミ役《やく》
中心《ちゅうしん》になってしゃべる人《ひと》。

ボケ役《やく》
おもしろい役《やく》をする人《ひと》。

他《ほか》にはない自分《じぶん》たちだけの個性《こせい》を出《だ》すようにします。息《いき》が合《あ》わないようならコンビを解消《かいしょう》して、他《ほか》の相方《あいかた》をさがしたり、1人《ひとり》で「ピン芸人《げいにん》」として活動《かつどう》することもあります。

台本《だいほん》づくり

いろいろな情報《じょうほう》や、体験《たいけん》からネタをつくります。

けいこ

くり返《かえ》しくり返《かえ》し練習《れんしゅう》します。

本番《ほんばん》

舞台《ぶたい》にかけます。お客《きゃく》さんの反応《はんのう》を見《み》て台本《だいほん》を手直《てなお》しして、さらに面白《おもしろ》いものに仕上《しあ》げます。

売《う》れっ子芸人《こげいにん》の活躍《かつやく》の場《ば》はどんどん広《ひろ》がっています。

イラストレーター

本や雑誌《ざっし》、ポスター、パンフレットなどにイラストレーション（さし絵《え》）を描《か》く仕事《しごと》です。

時代《じだい》を敏感《びんかん》にとらえるセンスとアイデア、他《ほか》にはない個性的《こせいてき》な画風《がふう》であることも重要《じゅうよう》です。個展《こてん》を開《ひら》いて、自分《じぶん》の作品《さくひん》をお客《きゃく》さんにアピールする人《ひと》もたくさんいます。

イラストレーターの仕事《しごと》

出版社《しゅっぱんしゃ》や広告代理店《こうこくだいりてん》から仕事《しごと》の依頼《いらい》をうけ、編集者《へんしゅうしゃ》と打《う》ち合《あ》わせをします。

内容は？
サイズは？

資料《しりょう》をもらい、イメージをふくらませたりもします。また、足《た》りないときは自分《じぶん》でさがすこともあります。

カシャ

ラフ（大《おお》まかな絵《え》）を描《か》いて見《み》てもらいます。

そんな感《かん》じでどうでしょうか？

何回《なんかい》か打《う》ち合《あ》わせをして希望《きぼう》に合《あ》った絵《え》を仕上《しあ》げていきます。

今《いま》は、えんぴつや絵《え》の具《ぐ》ではなく、コンピューターでイラストを描《か》く人《ひと》もふえてきています。

イラストレーターはフリーで仕事《しごと》をする人《ひと》と、広告会社《こうこくがいしゃ》や各種企業《かくしゅきぎょう》の広告部《こうこくぶ》や宣伝部《せんでんぶ》に入《はい》って仕事《しごと》をする人《ひと》などがいます。

アニメーター

最近《さいきん》のアニメ（アニメーション）はＣＧ《シージー》（コンピューターグラフィックス）で制作《せいさく》されるものが多《おお》くなっています。でも、手描《てが》きのアニメには独特《どくとく》のやさしさがあるように思《おも》います。

アニメーターとは、アニメの絵《え》を描《か》く仕事《しごと》です。アニメーターに向《む》くのは、もちろん絵《え》をかくのが好《す》きな人《ひと》ですが、たくさんの絵《え》をかけなければならないので、根気強《こんきづよ》さと体力《たいりょく》が必要《ひつよう》です。

アニメができあがるまで

①シナリオをもとに会議《かいぎ》を開《ひら》きます。

どのような背景《はいけい》にして、どのようにキャラクターを動《うご》かすか、など。

②背景《はいけい》の絵《え》を描《か》きます。

③原画《げんが》と動画《どうが》を描《か》きます。

④セル（透明《とうめい》セルロイド版《ばん》）にトレース（なぞって写《うつ》すこと）して着色《ちゃくしょく》します。

⑤撮影《さつえい》します。

カシャ
カシャ

⑥声優《せいゆう》が声《こえ》を入《い》れたり、音楽《おんがく》や効果音《こうかおん》を入《い》れます。

⑦上映《じょうえい》、放映《ほうえい》します。

みんなの力《ちから》でつくりあげた作品《さくひん》がお客《きゃく》さんによろこんでもらえたときは最高《さいこう》にうれしいものです。

アニメーターになるには、独学《どくがく》で勉強《べんきょう》してアニメ制作《せいさく》会社《がいしゃ》に持《も》ち込むか、直接《ちょくせつ》会社《かいしゃ》に就職《しゅうしょく》します。

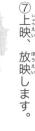

CG《シージー》デザイナー

CG《シージー》とは「コンピューター グラフィックス」の頭文字《かしらもじ》です。CG《シージー》デザイナーは コンピューターを使《つか》って絵《え》や 映像《えいぞう》をつくる仕事《しごと》です。

この仕事《しごと》の魅力《みりょく》は、コンピューターで何《なん》でも作《つく》れてしまうところです。
最近《さいきん》のアニメはCG《シージー》で作《つく》られるものが多《おお》くなってきています。
また、みんなに夢《ゆめ》や感動《かんどう》を与《あた》えることができるのも魅力《みりょく》です。

CG《シージー》デザイナーの仕事《しごと》

打《う》ち合《あ》わせ

プロデューサーとどんな内容《ないよう》にするか話《はな》し合《あ》います。

絵《え》コンテ

内容《ないよう》に合《あ》わせて絵《え》コンテ（下描《したが》き）をかきます。

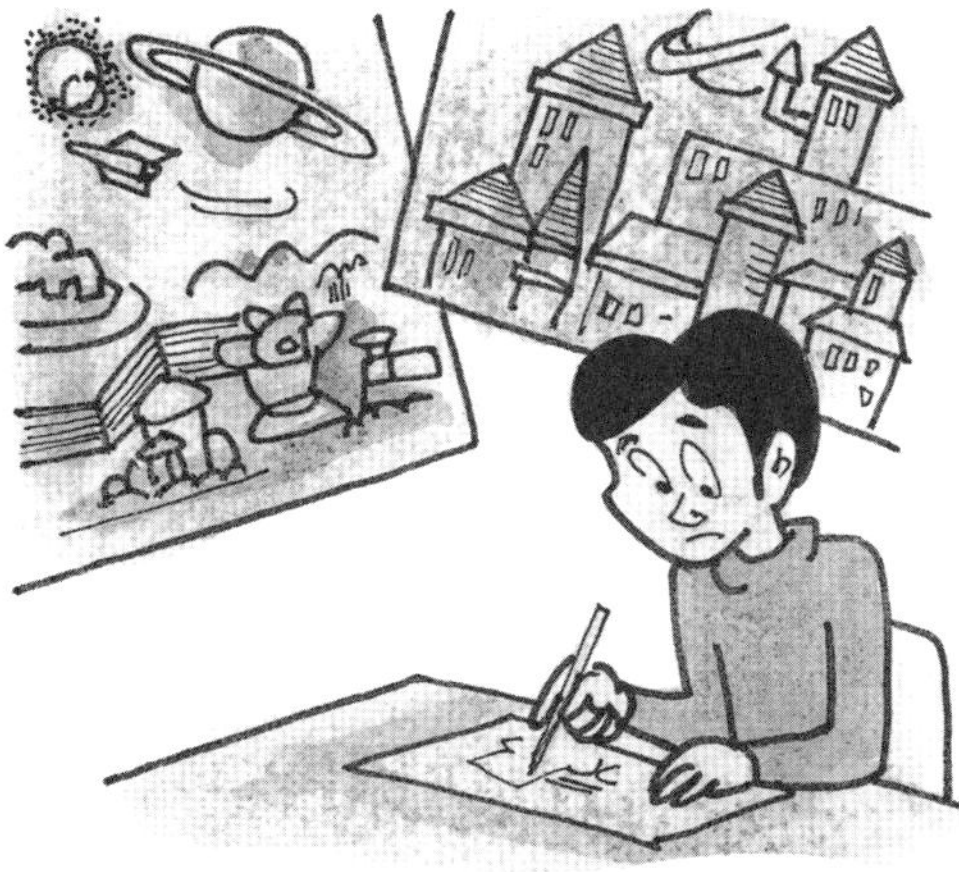

素材《そざい》づくり

制作《せいさく》ソフトを使《つか》って、CG《シージー》の素材《そざい》をつくります。いくつかの作業《さぎょう》に分《わ》かれます。

形《かたち》を作《つく》る人《ひと》

表面《ひょうめん》の質感《しつかん》、色《いろ》をきめる人《ひと》

アニメーションにする人《ひと》

モニターチェック

CG《シージー》がきれいにできているか、モニターを見《み》てチェックします。

CG《シージー》デザイナーになるには資格《しかく》はいりません。
デザインの基礎《きそ》があり、美的《びてき》センスが必要《ひつよう》です。
もちろん、パソコンを操作《そうさ》する技術《ぎじゅつ》は絶対必要《ぜったいひつよう》です。

漫画家《まんがか》

漫画家《まんがか》は
紙《かみ》とペンだけで
みんなに感動《かんどう》や
楽《たの》しさを与《あた》えます。
いろいろなものに
興味《きょうみ》を持《も》つ好奇心《こうきしん》と、
感性《かんせい》が必要《ひつよう》です。
漫画家《まんがか》になるには
資格《しかく》はいりません。
アシスタントをして
修業《しゅぎょう》するか、
自分《じぶん》で勉強《べんきょう》したあと
コンクールなどで
認《みと》められるか、
直接出版社《ちょくせつしゅっぱんしゃ》に売《う》り込《こ》んで
デビューします。

漫画《まんが》の種類《しゅるい》

●ひとコマ漫画《が》

●4コマ漫画《まんが》

●ストーリー漫画《まんが》

必要《ひつよう》な道具《どうぐ》

●原稿用紙《げんこうようし》

●ペン

いろいろなペンがあります。

つけペン

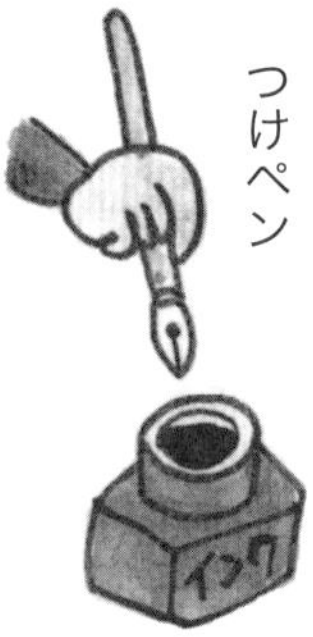
インク

サインペン

ロットリング

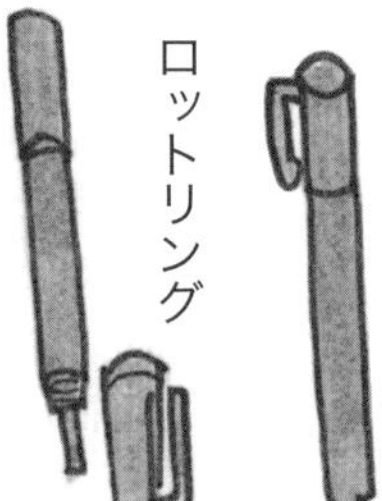

●じょうぎ

●消《け》しゴム

●ホワイト

まちがえた線《せん》を消《け》します。

●スクリーントーン

●絵《え》の具《ぐ》

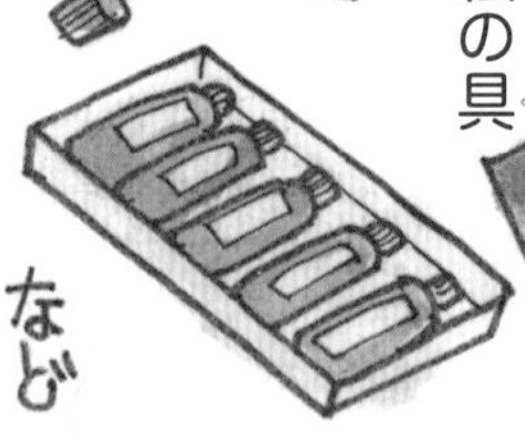

など

漫《まん》画《が》家《か》の仕《し》事《ごと》

打《う》ち合《あ》わせ

編集者《へんしゅうしゃ》とアイディアを出《だ》しあって、おおまかなストーリー、キャラクターなどを話《はな》しあいます。

そのあと自分《じぶん》でイメージをふくらませて、煮《に》つめていきます。

ネーム（文章《ぶんしょう》）

ストーリーにあわせてコマわりをし、セリフを入《い》れます。

下《した》描《が》き

えんぴつで下《した》描《が》きします。効《こう》果《か》的《てき》なアングルを考《かん》えます。

ペン入《い》れ

下《した》描《が》きにそって、ペンで描《か》きます。人物《じんぶつ》と背景《はいけい》など、使《つか》うペンの太《ふと》さも考《かん》えます。

描《か》く枚数《まいすう》が多《おお》いときは、アシスタントの人《ひと》にも描《か》いてもらいます。

スクリーントーンをはります。スクリーントーンにはさまざまな種類《しゅるい》があります。

背景《はいけい》をかきます。

ベタ（黒《くろ》くぬりつぶす）をぬります。

仕上《しあ》げ

下《した》がきのえんぴつの線《せん》を消《け》しゴムで消《け》します。その他《ほか》、全体《ぜんたい》をチェックして完成《かんせい》です。

カメラマン

一枚《いちまい》の写真《しゃしん》が人々《ひとびと》に感動《かんどう》を与《あた》える…
なんてすばらしい仕事《しごと》でしょう。
カメラマンになるには、
するどい感性《かんせい》と、
構成力《こうせいりょく》が問《と》われます。

発表《はっぴょう》の場《ば》としては、大《おお》きく
●報道《ほうどう》、●広告《こうこく》、●雑誌《ざっし》、に分《わ》かれます。
また、働《はたら》き方《かた》には、
●フリーランス（どの会社《かいしゃ》にも属《ぞく》さずに仕事《しごと》をする）、
●スタッフカメラマン（企業《きぎょう》の社《しゃ》員《いん》として働《はたら》く）の2種類《しゅるい》があります。

カメラマンの仕事《しごと》

打《う》ち合《あ》わせ

・どんな写真《しゃしん》が欲《ほ》しいのか。
・撮影《さつえい》の日時《にち じ》
…など

撮影《さつえい》

シャッターチャンスを逃《のが》さずに。

現像《げんぞう》／データ作成《さくせい》

フィルムの現《げん》像《ぞう》、またはデジタルのデータを依頼者《いらいしゃ》にわたします。

長年《ながねん》撮《と》りつづけてきた写真《しゃしん》を整理《せいり》し、個展《こてん》を開《ひら》くこともあります。

また、本《ほん》にまとめて出版《しゅっぱん》したりもします。

カメラマンになるには…

高校《こうこう》、短大《たんだい》、専門学校《せんもんがっこう》、大学《だいがく》などを卒業《そつぎょう》したあと、次《つぎ》のような所《ところ》に就職《しゅうしょく》することが多《おお》いようです。
・新聞社《しんぶんしゃ》、出版社《しゅっぱんしゃ》や広告会社《こうこくがいしゃ》。
・カメラマン事務所《じむしょ》、写真《しゃしん》スタジオ。
・広告《こうこく》の制作会社《せいさくかいしゃ》。

ここで、先輩《せんぱい》カメラマンのアシスタントをして、腕《うで》をみがいていきます。

機材《きざい》は重《おも》く、仕事《しごと》は不規則《ふきそく》です。

ふつう5年《ねん》以上《いじょう》の修業《しゅぎょう》が必要《ひつよう》です。

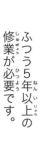

いろいろなカメラマン

自分《じぶん》が関心《かんしん》を持《も》っている、専門分野《せんもんぶんや》写真《しゃしん》を撮《と》るカメラマンがいます。深《ふか》い専門《せんもん》知識《ちしき》と高《たか》い技術《ぎじゅつ》が必要《ひつよう》となってきます。

みんなの知《し》らない世界《せかい》を見《み》ることができます。

●スポーツカメラマン

●料理《りょうり》カメラマン

●ファッションカメラマン

●風景《ふうけい》カメラマン

●水中《すいちゅう》カメラマン

●昆虫《こんちゅう》カメラマン

●天体《てんたい》カメラマン

●動物《どうぶつ》カメラマン

ゲームクリエイター

みんなの大好《す》きな「ロールプレイング」や「アクション」などのゲームソフトをつくる仕事《しごと》です。

この仕事《しごと》に向《む》くのは、好奇心《こうきしん》がおうせいで、想像力《そうぞうりょく》が豊《ゆた》かな人《ひと》です。

ゲームクリエイターになるには、高校《こうこう》や専門学校《せんもんがっこう》、短大《たんだい》、大学《だいがく》などを卒業《そつぎょう》したあと、ゲームソフトの制作会社《せいさくがいしゃ》に就職《しゅうしょく》します。ゲームソフトの会社《かいしゃ》によって採用条件《さいようじょうけん》はちがいます。

いろいろなゲームクリエイター

ひと口《くち》にゲームクリエイターといっても、いろいろな仕事《しごと》に分《わ》かれています。

●シナリオライター

ストーリーをつくります。

●グラフィックデザイナー

キャラクターや背景《はいけい》の絵《え》を描《えが》きます。

●プログラマー

絵《え》やキャラクターが動《うご》くように、プログラムをつくります。

●サウンドクリエイター

あらゆる場面《ばめん》の音楽《おんがく》をつくる作曲家《さっきょくか》です。

●サウンドエンジニア

効果音《こうかおん》をつくります。

バスッ
グキッ

●アートワーク

タイトルやパッケージ、説明書《せつめいしょ》を考《かんが》えます。

○○の大冒険

●ディレクター

みんなをまとめます。

このように、大《おお》ぜいの人《ひと》たちの手《て》でつくられるので、協調性《きょうちょうせい》も必要《ひつよう》となってきます。

小説家《しょうせつか》

小説家《しょうせつか》は、自分《じぶん》の頭《あたま》の中《なか》に描《えが》いたストーリーを文章《ぶんしょう》にして、みなさんに読《よ》んでもらいます。「楽《たの》しかった」、「時間《じかん》がたつのも忘《わす》れた」などと言《い》ってもらえると、最高《さいこう》に幸《しあわ》せです。

書店《しょてん》

スラスラと書《か》けるときもあれば、スランプに陥《おちい》ることもあります。小説家《しょうせつか》になるには資格《しかく》や免許《めんきょ》はいりません。たくましい想像力《そうぞうりょく》と、文章《ぶんしょう》を書《か》く力《ちから》が必要《ひつよう》です。

小説家《しょうせつか》によって、いろいろなタイプがあります。
ストーリーを考《かんが》えます。
自分《じぶん》の体験《たいけん》から。
実在《じつざい》する（した）人物《じんぶつ》をヒントにして。
まったくの空想《くうそう》で。
取材《しゅざい》に出《で》かけることもあります。

登場《とうじょう》人物《じんぶつ》の性格《せいかく》を決《き》めます。
原稿《げんこう》を書《か》きます。
がんばろう
しめきり 1月20日
できあがった原稿《げんこう》について、編集者《へんしゅうしゃ》と話《はな》し合《あ》います。そのあと、新聞《しんぶん》や雑誌《ざっし》、本《ほん》などにして発表《はっぴょう》します。

ノンフィクション作家《さっか》は…

実際《じっさい》におこった出来事《できごと》を小説《しょうせつ》のように書《か》きます。細《こま》かい取材《しゅざい》をします。

小説家《しょうせつか》になるには…

作品《さくひん》を出版社《しゅっぱんしゃ》に持《も》ちこみます。
ドキ ドキ
出版社《しゅっぱんしゃ》のコンクールに応募《おうぼ》します。
○○文学《ぶんがく》新人賞《しんじんしょう》
など…

陶芸家《とうげいか》

日常生活《にちじょうせいかつ》で使《つか》う食器《しょっき》や花《か》びん、飾《かざ》って楽《たの》しむ置《お》き物《もの》などの焼物《やきもの》を作《つく》ります。

陶芸家《とうげいか》になるには
・個人《こじん》の陶芸家《とうげいか》に弟子《でし》入《い》りする
・独学《どくがく》で学《まな》ぶ
・焼物《やきもの》の会社《かいしゃ》に就職《しゅうしょく》する
などの方法《ほうほう》があります。
美術関係《びじゅつかんけい》の学校《がっこう》で基礎《きそ》を勉強《べんきょう》すると有利《ゆうり》です。

焼物《やきもの》ができあがるまで

①原料《りょう》の土《つち》に水《みず》を加《くわ》えてよいかたさになるまでよく練《ね》ります。

②ろくろなどを使《つか》って形《かたち》を作《つく》ります。

形《かたち》を作《つく》る方法《ほうほう》はいろいろあります。

③乾燥《かんそう》させてから、一度《いちど》焼《や》きかためます。これを「素焼《すや》き」といいます。

④素焼《すや》きしたものに絵《え》をかいたり、色《いろ》をぬります。

⑤最後《さいご》に本焼《ほんや》きします。昔《むかし》ながらのたきぎかまや、電気《でんき》がま、ガスがま、灯油《とうゆ》がまなど、いろいろあります。

●日本《にほん》の有名《ゆうめい》な焼物《やきもの》

●益子焼《ましこやき》（栃木県《とちぎけん》）
●美濃焼《みのやき》（岐阜県《ぎふけん》）
●九谷焼《くたにやき》（石川県《いしかわけん》）
●瀬戸焼《せとやき》（愛知県《あいちけん》）
●越前焼《えちぜんやき》（福井県《ふくいけん》）
●清水焼《きよみずやき》（京都府《きょうとふ》）
●備前焼《びぜんやき》（岡山県《おかやまけん》）
●萩焼《はぎやき》（山口県《やまぐちけん》）
●信楽焼《しがらきやき》（滋賀県《しがけん》）
●唐津焼《からつやき》（佐賀県《さがけん》）
●有田焼《ありたやき》（佐賀県《さがけん》）
など

日本《にほん》の伝統《でんとう》を伝《つた》える仕事《しごと》

●織物家《おりものか》

織物《おりもの》は主《おも》に着物《きもの》を作《つく》る布地《ぬのじ》(反物《たんもの》)として使《つか》われます。日本《にほん》の着物文化《きものぶんか》は2000年《ねん》もの歴史《れきし》があるといわれ、全国《ぜんこく》には100以上《いじょう》の織物《おりもの》の産地《さんち》があります。

織物家《おりものか》になるには、織物会社《おりものかいしゃ》に就職《しゅうしょく》するか、個人《こじん》の織物家《おりものか》に弟子《でし》入りします。このとき美術関係《びじゅつかんけい》の学校《がっこう》を卒業《そつぎょう》していると有利《ゆうり》です。

織《お》る前《まえ》にもいくつもの工程《こうてい》があります。

- 糸《いと》をよる
- 糸《いと》を染《そ》める
- 図案《ずあん》を書《か》く
- 図案《ずあん》にそって糸《いと》を配置《はいち》する

…など

織《お》り機《き》を使《つか》って、縦糸《たていと》と横糸《よこいと》を1本《ぽん》ずつ交差《こうさ》させて、織《お》りあげます。
たいへん根気《こんき》のいる仕事《しごと》です。
などなど

●文楽士《ぶんらくし》

日本《にほん》には古《ふる》くから、人形劇《にんぎょうげき》も、浄瑠璃《じょうるり》もありました。これが2つ一緒《いっしょ》になって江戸時代《えどじだい》に文楽《ぶんらく》が生《う》まれました。人形浄瑠璃《にんぎょうじょうるり》ともいいます。

文楽士《ぶんらくし》になるには、国立劇場《こくりつげきじょう》の文楽研修生《ぶんらくけんしゅうせい》となって、幹部《かんぶ》の文楽士《ぶんらくし》のもとに入門《にゅうもん》するか、直接文楽士《ちょくせつぶんらくし》のもとに入門《にゅうもん》する方法《ほうほう》があります。

ひとつの人形《にんぎょう》を3人《にん》であやつります。
人形《にんぎょう》に命《いのち》をふきこみます。

歌舞伎役者《かぶきやくしゃ》

歌舞伎《かぶき》は江戸《えど》時代《じだい》に生《う》まれて発達《はったつ》した、日本《にほん》にしかない演劇《えんげき》です。

独特《どくとく》のメイク、セリフ回《まわ》し、きらびやかな衣装《いしょう》、大《おお》がかりなセットなどで、今《いま》、世界的《せかいてき》にも人気《にんき》があります。

男性《だんせい》だけで演《えん》じるというきまりがあり、出演者《しゅつえんしゃ》は「女性役《じょせいやく》」も全員男性《ぜんいんだんせい》です。

おおぜいのスタッフとともに、ひとつの舞台《ぶたい》を仕上《しあ》げます。

スタッフ

囃方《はやしかた》　楽器《がっき》の演奏《えんそう》

竹本《たけもと》　語《かた》る人《ひと》

黒子《くろこ》　演技《えんぎ》の手助《てだすけ》

などなど

華道家《かどうか》

草花《くさばな》や木《き》の枝《えだ》などを花器《かき》にさして、美《うつく》しさを表現《ひょうげん》します。

生《い》け花《ばな》は室町時代《むろまちじだい》に始《はじ》まり、５００年以上《ねんいじょう》の歴史《れきし》があります。

華道《かどう》の流派《りゅうは》は３０００近《ちか》くあります。

仕事《しごと》の内容《ないよう》は、生《い》け花教室《ばなきょうしつ》、フラワーデザイナーなどです。

華道家《かどうか》になるには、いずれかの流派《りゅうは》に属《ぞく》して修行《しゅぎょう》し、家元《いえもと》から免状《めんじょう》をもらい、独立《どくりつ》します。

花《はな》と花《はな》、花《はな》と花器《かき》を組《く》みあわせて、花《はな》の美《うつく》しさを最大限《さいだいげん》に引《ひ》き出《だ》します。

●茶道家《さどうか》

茶道《さどう》は桃山《ももやま》時代《じだい》千利休《せんのりきゅう》によって完成《かんせい》されました。

お茶《ちゃ》の作法《さほう》（お手前《てまえ》）を覚《おぼ》えるだけでなく、客《きゃく》をもてなし、礼儀《れいぎ》を身《み》につけるという精神面《せいしんめん》が非常《ひじょう》に重要視《じゅうようし》されています。

茶道家《さどうか》になるには、茶道家《さどうか》に弟子《でし》入りするか、茶道専門学校《さどうせんもんがっこう》に入学《にゅうがく》して師範《しはん》になり、さらに修行《しゅぎょう》を積《つ》みます。

茶道《どう》の一番《いちばん》の魅力《みりょく》は、なんといっても人《ひと》と人《ひと》との心《こころ》のふれあいです。

●日本舞踊家《にほんぶようか》

日本舞踊《にほんぶよう》は一般《いっぱん》に歌舞伎《かぶき》から踊《おど》りの要素《ようそ》だけとりだしたものです。

日本人《にほんじん》の心《こころ》を、きらびやかな衣装《いしょう》を身《み》にまとい、あでやかに舞《ま》って表現《ひょうげん》します。

師匠《ししょう》のもとに入門《にゅうもん》して修行《しゅぎょう》し、名取《なと》り試験《しけん》に合格《ごうかく》すれば日本舞踊家《にほんぶようか》になれます。

さらに師範《しはん》の試験《しけん》に合格《ごうかく》すれば弟子《でし》をとることができます。

日本《にほん》には現在《げんざい》100をこえる流派《りゅうは》があります。

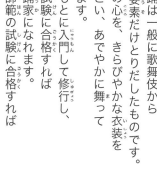

編集者《へんしゅうしゃ》

1冊《さつ》の本《ほん》をつくるには、大《おお》ぜいの人《ひと》にいろいろな仕事《しごと》を頼《たの》みます。それらを全部《ぜんぶ》まとめるのが編集者《へんしゅうしゃ》の仕事《しごと》です。
編集作業《へんしゅうさぎょう》が大《おお》づめに近《ちか》づくと、眠《ねむ》る時間《じかん》もなくなるほど忙《いそが》しいこともあります。また、新《あたら》しい企画《きかく》をつくるための勉強《べんきょう》や、情報収集《じょうほうしゅうしゅう》も欠《か》かせません。

本《ほん》ができあがるまで

企画書《きかくしょ》

アイデアを企画書《きかくしょ》にまとめます。

どんな内容《ないよう》にしようかしら。

編集会議《へんしゅうかいぎ》

企画書《きかくしょ》を検討《けんとう》して、その本《ほん》を出《だ》すかどうか決《き》めます。

依頼《いらい》

企画《きかく》が通《とお》ったら、それぞれの専門家《せんもんか》に仕事《しごと》をたのみます。

●ライター

文章《しょう》を書《か》きます。

●イラストレーター

絵《え》を描《か》きます。

●カメラマン

撮影《さつえい》します。

●デザイナー

イメージをまとめます。

予算《よさん》やスケジュールをまとめるのも編集者《へんしゅうしゃ》の仕事《しごと》です。

など

取材《しゅざい》

本《ほん》の内容《ないよう》によっては取材《しゅざい》をすることもあります。

原稿整理《げんこうせいり》

集《あつ》まった原稿《げんこう》を手直《てなお》しして完全原稿《かんぜんげんこう》に仕上《しあ》げます。

どさっ

デザイン

デザイナーと話《はな》し合《あ》って、表紙《ひょうし》、文字《もじ》、イラスト、写真《しゃしん》をどのようにレイアウトするか決《き》めます。

印刷所入稿《いんさつじょにゅうこう》

印刷所《いんさつじょ》に原稿《げんこう》を入《い》れます。校正紙《こうせいし》が刷《す》られます。

○○印刷《りんさつ》

校正《こうせい》

レイアウトどおりになっているか、文字《もじ》や文章《ぶんしょう》がまちがっていないか確認《かくにん》します。

初校《しょこう》（1回目《かいめ》）

再校《さいこう》（2回目《かいめ》）

校了《こうりょう》

校正《こうせい》の作業《さぎょう》が終《お》わります。

はあ〜

印刷《いんさつ》

印刷所《いんさつじょ》で本《ほん》が印刷《いんさつ》されます。

ガガガガ

製本《せいほん》

製本所《せいほんじょ》で本《ほん》の形《かたち》になり、書店《しょてん》などで販売《はんばい》されます。

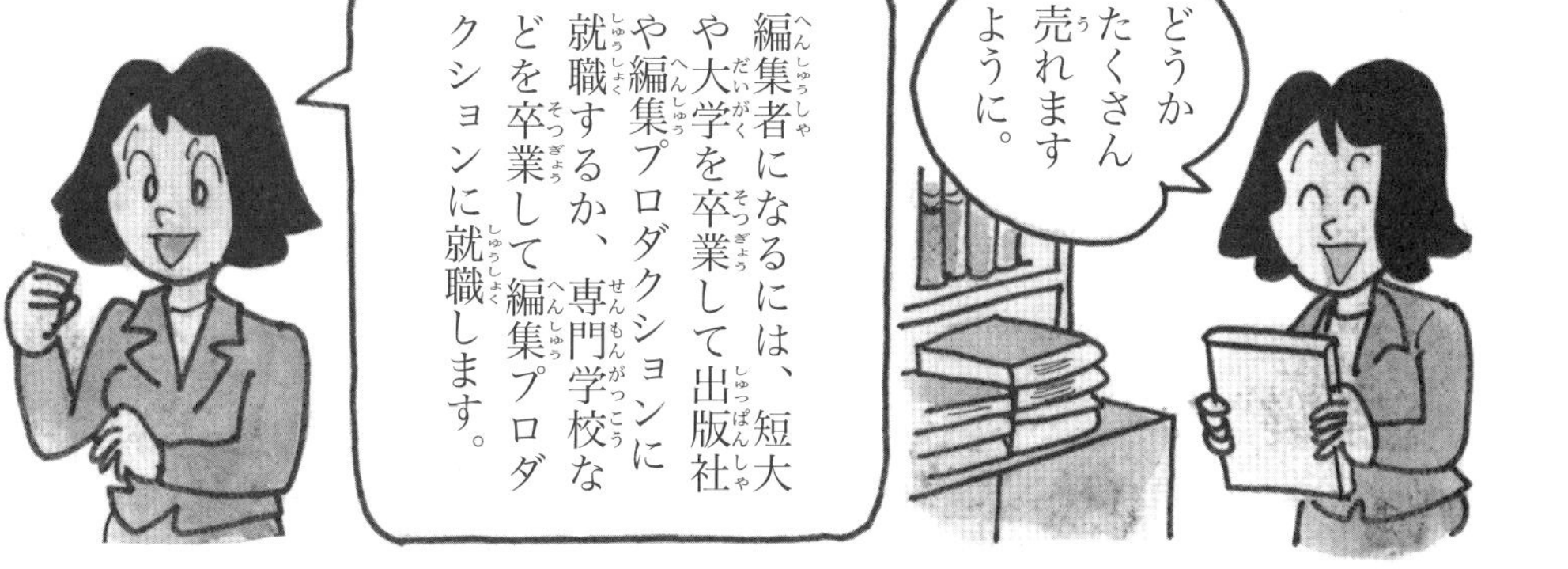
どうかたくさん売《う》れますように。
編集者《へんしゅうしゃ》になるには、短大や大学《だいがく》を卒業《そつぎょう》して出版社《しゅっぱんしゃ》や編集《へんしゅう》プロダクションに就職《しゅうしょく》するか、専門学校《せんもんがっこう》などを卒業《そつぎょう》して編集《へんしゅう》プロダクションに就職《しゅうしょく》します。

アナウンサー

アナウンサーはマスコミ最前線《さいぜんせん》の仕事《しごと》です。ニュースや最新《さいしん》の情報《じょうほう》をわかりやすく、正確《せいかく》に伝《つた》えます。
アナウンサーに向《む》くのは、読《よ》んだり、話《はな》したりするのが好《す》きな人《ひと》です。また、顔《かお》が直接《ちょくせつ》テレビに写《うつ》る仕事《しごと》なので、明《あか》るくて親《した》しみやすい性格《せいかく》がよいでしょう。
TV

テレビ・ニュースの場合《ばあい》

ニュースチェック

アナウンサーは幅広《はばひろ》い知識《ちしき》が必要《ひつよう》です。今《いま》、世《よ》の中《なか》でおきている出来事《できごと》をチェックします。

新聞《しんぶん》、テレビ、雑誌《ざっし》など。

打《う》ち合《あ》わせ

スタッフが集《あつ》まって、番組《ばんぐみ》をどう進《すす》めていくか話《はな》しあいます。

メイク

さわやかな感《かん》じでテレビにうつるように、メイクをしてもらいます。

準備《じゅんび》

ニュース原稿《げんこう》は、放送記者《ほうそうきしゃ》が書《か》きます。内容《ないよう》をよく理解《りかい》して、時間内《じかんない》に読《よ》めるようにします。

当日流《じつなが》すVTR《ブイティーアール》を見《み》ながら、ぴったり合《あ》うように原稿《げんこう》を読《よ》みます。

ディレクター
ストップウォッチ

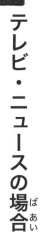

最終打《さいしゅうう》ち合《あ》わせ

本番直前《ほんばんちょくぜん》に大《だい》ニュースがとびこんでくることもあります。そんなときは、急《きゅう》きょ内容《ないよう》を変更《へんこう》したりもします。

本番《ほんばん》

大《おお》ぜいの人《ひと》が協力《きょうりょく》して、ひとつの番組《ばんぐみ》をつくりあげます。

ゲスト席《せき》
番組《ばんぐみ》デスク
カメラマン
アシスタントディレクター
ディレクター

その他《た》の仕事《しごと》

アナウンサーは、他《ほか》にもいろいろな仕事《しごと》があります。

ナレーション

ラジオ放送《ほうそう》

スポーツ中継《ちゅうけい》
ワーッ
ワーッ

バラエティ番組《ばんぐみ》の司会《しかい》

イベントの司会《しかい》
など

アナウンサーになるには専門学校《せんもんがっこう》、短大《たんだい》、大学《だいがく》を卒業《そつぎょう》したのち、テレビ局《きょく》やラジオ局《きょく》、またはアナウンサー事務所《じむしょ》に所属《しょぞく》します。

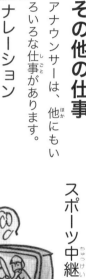

テレビプロデューサー、ディレクター

人々《ひとびと》に感動《かんどう》や安《やす》らぎ、希望《きぼう》を与《あた》えるテレビ番組《ばんぐみ》を作《つく》ります。とてもやりがいを感《かん》じています。
テレビプロデューサー、ディレクターに求《もと》められるのは、創造力《そうぞうりょく》だけではありません。大《おお》ぜいの人《ひと》と働《はたら》く職場《しょくば》なので、みんなをまとめるリーダーシップも必要《ひつよう》です。
シナリオ

プロデューサーの仕事《しごと》

ひとつの番組《ぐみ》をつくりあげる総責任者《そうせきにんしゃ》です。

企画《きかく》を考《かんが》える

出演者《しゅつえんしゃ》への依頼《いらい》

リハーサル、本番《ほんばん》でのアドバイス

台本《だいほん》を依頼《いらい》する

シナリオ

予算《よさん》の見積《みつ》もり

スタッフの働《はたら》きやすい環境《かんきょう》づくり

など

テレビ番組《ばんぐみ》について、細《こま》かい所《ところ》まで知《し》っていなければなりません。そこで、ディレクターを経験《けいけん》してからプロデューサーになる人《ひと》が多《おお》いようです。

ディレクターの仕事《しごと》

番組《ばんぐみ》をつくる現場《げんば》の責任者《せきにんしゃ》です。

脚本《きゃくほん》の内容《ないよう》チェック

スタジオセットのイメージつくり

カメラの位置《いち》決《ぎ》め

ロケーションの場所《ばしょ》さがし

出演者《しゅつえんしゃ》の演技指導《えんぎしどう》

コマわり

など

現場《げんば》のトップのCD《シーディー》（チーフディレクター）になるには、AD《エーディー》（アシスタントディレクター）からはじめて、経験《けいけん》を積《つ》んでいきます。

テレビ番組《ばんぐみ》ができるまで(ドラマの場合《ばあい》)

①どんな番組《ばんぐみ》を作《つく》るか、企画会議《きかくかいぎ》を開《ひら》きます。

どんな番組《ばんぐみ》がみんなに喜《よろこ》んでもらえるか。

②台本《だいほん》（シナリオ）の執筆《しっぴつ》を依頼《いらい》します。

先生《せんせい》しかいません。
そうかね。

③出演《しゅつえん》してほしい人《ひと》に交渉《こうしょう》します。

よろしくお願《ねが》いします。

④ディレクターが演出《えんしゅつ》プランを立《た》てます。

う〜ん

⑤出演者《しゅつえんしゃ》が集《あつ》まって、リハーサル（けいこ）をします。

⑥美術《びじゅつ》スタッフがスタジオにセットをつくります。

⑦本番《ほんばん》で撮影《さつえい》します。

⑧撮《と》った映像《えいぞう》を編集《へんしゅう》して1本《ぽん》の番組《ばんぐみ》にします。

⑨テレビで放送《ほうそう》します。

プロデューサー、ディレクターになるには…

大学《だいがく》や短大《たんだい》、または、専門学校《せんもんがっこう》を卒業《そつぎょう》します。

テレビ局《きょく》に就職《しゅうしょく》します。または、制作会社《せいさくかいしゃ》に就職《しゅうしょく》します。

ディレクターとして修業《しゅぎょう》します。

プロデューサーになります。

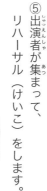

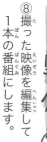

新聞記者《しんぶんきしゃ》

世《よ》の中《なか》に起《お》こった、いろいろな出来事《できごと》を取材《しゅざい》して、正確《せいかく》にみなさんに伝《つた》えます。やはり「とくダネ」(＊)をつかんだときは、最高《さいこう》にうれしいです。

この仕事《しごと》は、探究心《たんきゅうしん》の強《つよ》い人《ひと》に向《む》くと思《おも》います。とてもいそがしいので、体力《たいりょく》も必要《ひつよう》です。新聞記者《しんぶんきしゃ》になるには、専門学《せんもんがっ》校《こう》、短大《たんだい》大学《だいがく》を卒業《そつぎょう》したあと、新聞社《しんぶんしゃ》に就職《しゅうしょく》します。

新聞記者《しんぶんきしゃ》の仕事《しごと》

ひと口《くち》に新聞記者《しんぶんきしゃ》といっても、いろいろな仕事《しごと》があります。

取材記者《しゅざいきしゃ》

取材《しゅざい》して記事《きじ》を書《か》きます。

整理記者《せいりきしゃ》

集《あつ》まった記事《きじ》をまとめます。「デスク」とよばれています。

校閲記者《こうえつきしゃ》

書《か》かれた記事《きじ》にまちがいがないかチェックします。

取材記者《ざいきしゃ》は、事件《じけん》が起《お》きたら、昼《ひる》と夜《よる》、休日《きゅうじつ》も関係《かんけい》なく現場《げんば》に直行《ちょっこう》します。

できるだけたくさんの情報《じょうほう》を集《あつ》めます。

また、取材《しゅざい》したい人《ひと》に会《あ》うため、何時間《なんじかん》も、ときには何日《なんにち》もねばることもあります。

情報《じょうほう》をもとに記事《きじ》を書《か》きます。

大《おお》きな新聞社《しんぶんしゃ》には、整理記者《せいりきしゃ》の集《あつ》まりである「整理部《せいりぶ》」があり、そのニュースをどのくらいの大《おお》きさであつかうかを決《き》めます。

同《おな》じニュースでも…

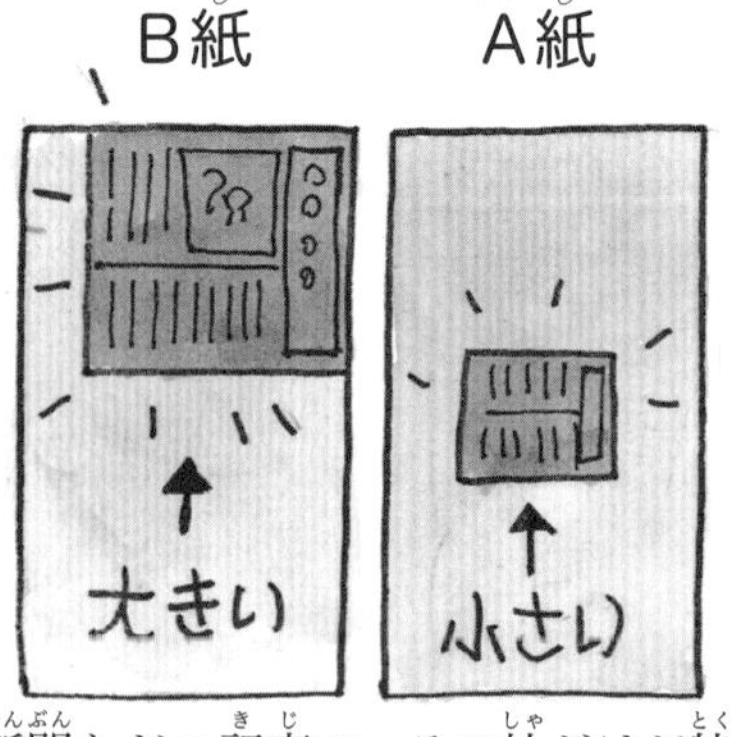

これは、新聞社《しんぶんしゃ》によって、とらえ方《かた》がちがうからです。

＊とくダネ…新聞《しんぶん》などの記事《きじ》で、その社《しゃ》だけが特別《とくべつ》に入手《にゅうしゅ》した貴重《きちょう》な情報《じょうほう》のこと。

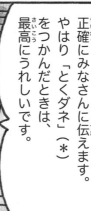

気象予報士《きしょうよほうし》

もともと天気予報《てんきよほう》は気象庁《きしょうちょう》が出《だ》していたものを、そのままテレビやラジオで放送《ほうそう》していました。

低
1002
高

でも、平成《へいせい》5年《ねん》（1993年《ねん》）に「気象業務法《きしょうぎょうむほう》」という決《き》まりが改《あらた》められ、気象予報士《きしょうよほうし》という仕事《しごと》が生《う》まれました。

気象予報士《きしょうよほうし》とは？

気象予報士《きしょうよほうし》になるには、毎年《まいとし》1月《がつ》と8月《がつ》に行《おこな》われている「気象予報士試験《きしょうよほうしけん》」に合格《ごうかく》しなければなりません。

勉強《べんきょう》
勉強《べんきょう》

この試験《しけん》は年齢《ねんれい》や学歴《がくれき》に関係《かんけい》なく誰《だれ》でも受《う》けられますが、とてもむずかしい試験《しけん》です。

合格率《ごうかくりつ》は毎回《まいかい》たった5％くらいです。

気象予報士《きしょうよほうし》になると、気象庁《きしょうちょう》から出《で》た予報《よほう》データをもとに自分《じぶん》で予報《よほう》を出《だ》すことができるようになります。

これは早《はや》く雨《あめ》が降《ふ》りそうだな。

テレビで原稿《げんこう》を読《よ》まないで解説《かいせつ》しているのが気象予報士《きしょうよほうし》（お天気《てんき》キャスター）です。

原稿《げんこう》を読《よ》んでいるのは、お天気《てんき》アナウンサーです。

TV

働《はたら》き先《さき》は…

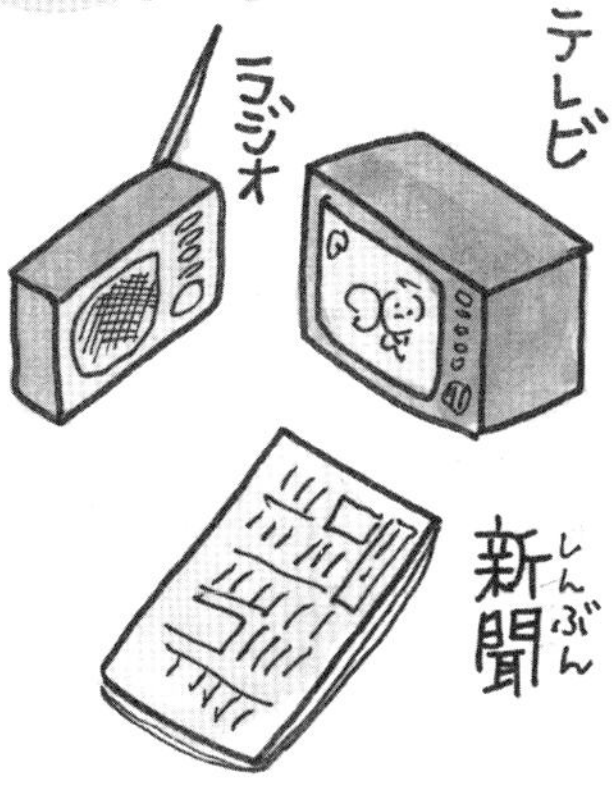
テレビ
ラジオ
新聞《しんぶん》

など、気象庁《きしょうちょう》が許可《きょか》した53の会社《かいしゃ》です。（平成《へいせい》16年《ねん》10月現在《がつげんざい》）

他《ほか》に…

暑《あつ》い夏《なつ》だとビールがたくさん売《う》れるんだ。
はい、予想《よそう》しましょう。
ビール会社

このように、天候《てんこう》が商品《しょうひん》の売《う》り上《あ》げに影響《えいきょう》する会社《かいしゃ》などです。

ファッションデザイナー

みんなが着《き》たくなるような洋服《ようふく》をデザインする仕事《しごと》です。世《よ》の中《なか》の流行《りゅうこう》に人一倍敏感《ひといちばいびんかん》で、色彩感覚《しきさいかんかく》と、形《かたち》をつくる能力《のうりょく》が必要《ひつよう》です。
やはり、街《まち》で自分《じぶん》のデザインした洋服《ようふく》を着《き》ている人《ひと》を見《み》たときはうれしくなりますね。

ファッションデザイナーの仕事《しごと》

企画会議《きかくかいぎ》

一年《いちねん》に、春夏秋冬《はるなつあきふゆ》と4回《かい》展示会《てんじかい》があるので、それに向《む》けてテーマと色《いろ》とシルエットをきめます。

テーマ

デザインづくり

どんな服《ふく》にするかイメージをふくらませて、たくさんのデザイン画《が》をかきます。

ファッションデザイナーは、絵《え》が上手《じょうず》でなくてはなりません。色《いろ》とりどりのペンやじょうぎは必需品《ひつじゅひん》です。

色《いろ》がら選《えら》び

グラフィックデザイナーと協力《きょうりょく》して、どんな色《いろ》やがらにするか決《き》めます。

生《き》地《じ》選《えら》び

たくさんの中《なか》から選《えら》びます。

製《せい》作《さく》開《かい》始《し》

ボディ（人体《じんたい》）に布《ぬの》をまきつけて、デザイン画《が》どおりの形《かたち》をつくっていきます。

パターン

パターン（型紙《かたがみ》）をつくります。この人《ひと》を「パタンナー」といいます。

ドレーピング

布地《きじ》を裁断《さいだん》します。この仕事《しごと》はパタンナーがかわることが多《おお》いです。

裁《さい》縫《ほう》

洋服《ようふく》をぬいます。

サンプル完成《かんせい》

サンプルが完成《かんせい》して、これならいけるということになったら、工場《こうじょう》に発注《はっちゅう》します。

展《てん》示《じ》会《かい》

洋服《ようふく》を売《う》る店《みせ》の人《ひと》がたくさん見《み》にきます。

ファッションデザイナーになるには、資格《しかく》や免許《めんきょ》は必要《ひつよう》ありません。ふつう、高校《こうこう》を卒業《そつぎょう》して、服飾関係《ふくしょくかんけい》の専門学校《せんもんがっこう》を卒業《そつぎょう》するか、短大《たんだい》、大学《だいがく》を卒業《そつぎょう》したあと、服飾《ふくしょく》メーカーなどに就職《しゅうしょく》します。

なお、日本《にほん》ファッション教育振興会《きょういくしんこうかい》という団体《だんたい》が、年《ねん》に２回《かい》洋裁技術検定《ようさいぎじゅつけんてい》（初級《しょきゅう》、中級《ちゅうきゅう》、上級《じょうきゅう》）を実施《じっし》しています。

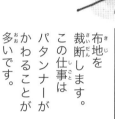

美容師《びようし》

理容師《りようし》と美容師《びようし》は似《に》ていますが、理容師《りようし》は主《おも》に男性《だんせい》のお客《きゃく》さんが多《おお》く、基本《きほん》は髪《かみ》のカットとひげそりです。美容師《びようし》は主《おも》に女性《じょせい》や若《わか》い男性《だんせい》のお客《きゃく》さんが多く、髪《かみ》のカットの他《ほか》、パーマをかけたりお化粧《けしょう》したりします。
技術《ぎじゅつ》を身《み》につけることはもちろんですが、お客《きゃく》さんとの楽《たの》しい会話《かいわ》など、サービス精神《せいしん》も大切《たいせつ》です。

見習《みなら》いの期間《きかん》

シャンプー

ていねいに洗《あら》ってよごれをおとし、マッサージをして血行《けっこう》をよくします。

パーマ

先輩《せんぱい》のアシスタントをします。

パーマ用のロッド(巻《ま》き棒《ぼう》)は10種類《しゅるい》以上《いじょう》あります。

ロッド

カラーリング(髪《かみ》そめ)

髪《かみ》をそめる薬《くすり》を何種類《なんしゅるい》かまぜあわせます。

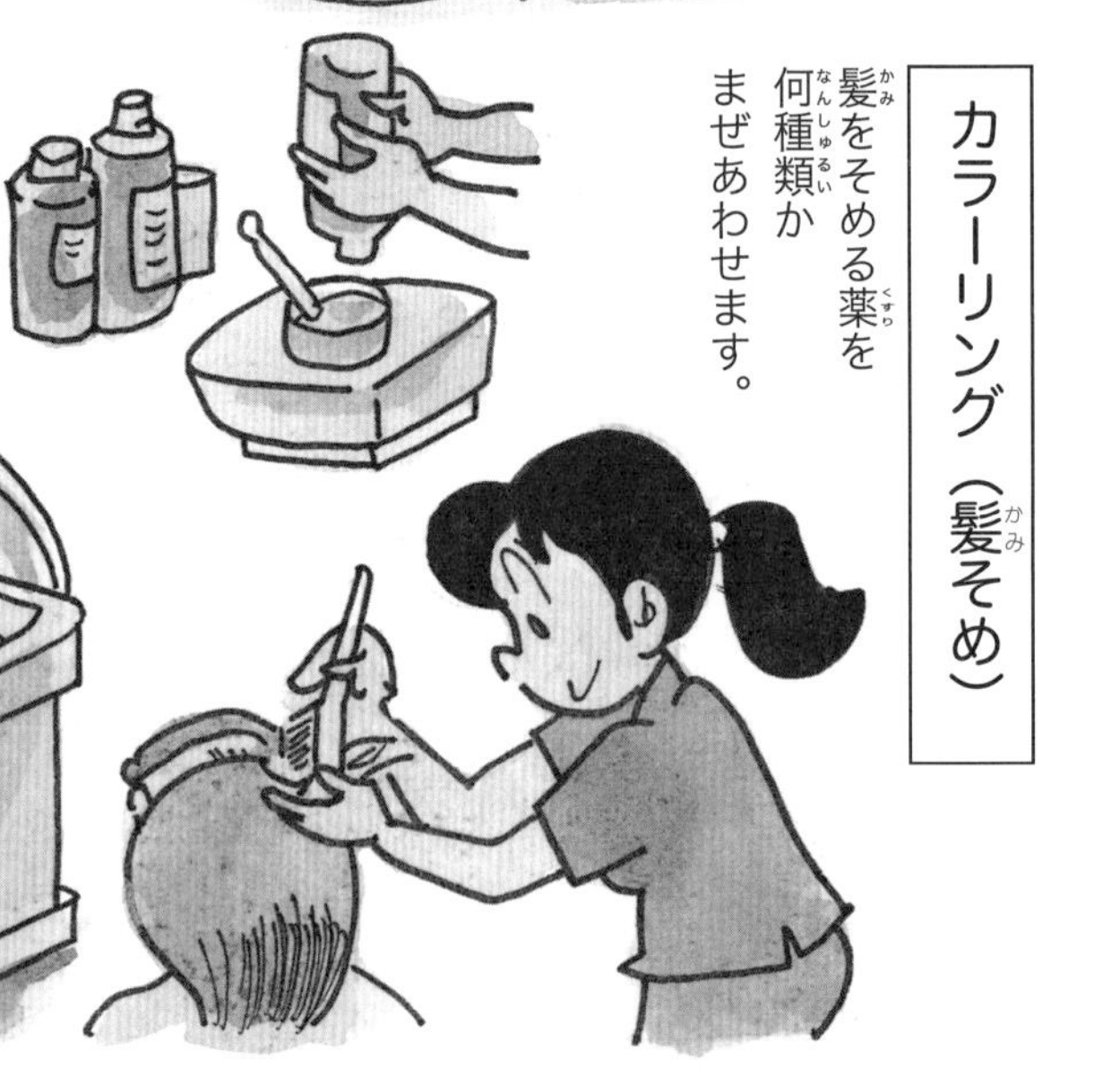

洗濯《せんたく》

タオルをたくさん使《つか》うので、合間《あいま》を見《み》て洗濯《せんたく》します。

そうじ

店内《てんない》はいつもきれいにしておきます。

その後《ご》

人《ひと》にもよりますが、
お店《みせ》に入《はい》って3年目《ねんめ》くらいから
カットさせてもらえるように
なります。

話《はな》し合《あ》い

お客《きゃく》さんとどんな髪型《かみがた》にするか話《はな》し合《あ》います。

カット

はさみやレザー（かみそり）を使《つか》って、お客《きゃく》さんの希望《きぼう》の髪型《かみがた》にカットします。

美容師《びようし》の道具《どうぐ》

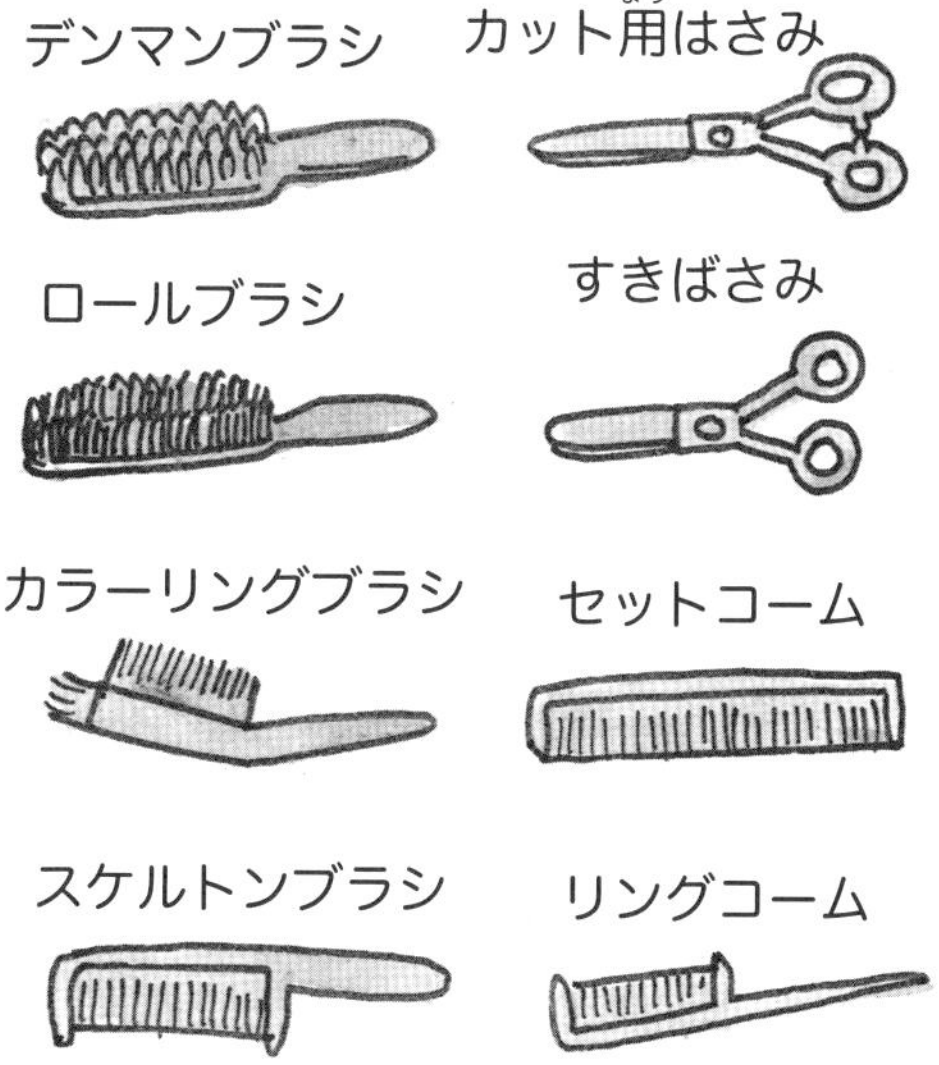

カット用《よう》はさみ
すきばさみ
セットコーム
リングコーム
デンマンブラシ
ロールブラシ
カラーリングブラシ
スケルトンブラシ

はさみは2～3か月《げつ》に一度《いちど》とぎに出《だ》します。

練習《れんしゅう》

見習《みなら》い中《ちゅう》は、お店《みせ》が終《お》わってから練習《れんしゅう》します。

かつら（ウィッグ）を使《つか》ってカットやパーマの練習《れんしゅう》をします。

真剣《しんけん》におこないます。

ときにはカットモデルに練習台《れんしゅうだい》になってもらいます。

美容師《びようし》になるには

中学《ちゅうがく》、高校《こう》を卒業《そつぎょう》したあと、美容師《びようし》の専門学校《せんもんがっこう》で2年間《ねんかん》ほど勉強《べんきょう》します。（通信教育《つうしんきょういく》は3年間《ねんかん》）

そのあと「美容師国家試験《びようしこっかしけん》」に合格《ごうかく》すると免許《めんきょ》をもらうことができます。

そして美容院《びよういん》に就職《しゅうしょく》し、腕《うで》をみがきます。

カリスマ美容師《びようし》になると、
たくさんのお客《きゃく》さんの
指名《しめい》がついて、高収入《こうしゅうにゅう》を
得《え》ることができます。
夢《ゆめ》ではありませんよ。

ファッションモデル

ファッションデザイナーがつくった服《ふく》を着《き》て、その美《うつく》しさをアピールする仕事《しごと》です。

仕事《しごと》の内容《ないよう》はファッションショーの他《ほか》、雑誌《ざっし》、新聞《しんぶん》の広告《こうこく》、テレビCM《シーエム》、ポスターなどたくさんあります。やはり、自分《じぶん》が注目《ちゅうもく》され、着《き》た服《ふく》が売《う》れるとうれしいですね。ファッションモデルから俳優《はいゆう》になった人《ひと》も何人《なんにん》もいます。

ファッションモデルになるには…

スカウトされる

読者《どくしゃ》モデルになる

ファッション
1月号

モデル事務所《じむしょ》に売《う》りこむ

など

資格《かく》や経験《けいけん》は必要《ひつよう》ありません。

事務所《じむしょ》に入《はい》ると、美《うつく》しい歩《ある》き方《かた》、表情《ひょうじょう》、ポーズなど、指導《しどう》してもらえます。

撮影現場《さつえいげんば》

オーディションで選《えら》ばれます。

いろいろなポーズをとります。
ヘアメイク
服《ふく》に合《あ》うメイクとヘアスタイルをつくります。
スタイリスト
着《き》る服《ふく》や小物《こもの》を集《あつ》めて組《く》み合《あ》わせます。
カメラマン
最高《さいこう》の写真《しゃしん》を撮《と》ります。

はなやかに見《み》えますが、いろいろ苦労《くろう》があります。

健康管理《けんこうかんり》

たっぷり睡眠《すいみん》をとり一日《いちにち》3食《しょく》バランスよく食《た》べます。

お肌《はだ》のお手《て》入《い》れ

運動《うんどう》

ニュースを見《み》たり、読書《どくしょ》をして内面《ないめん》をみがいたりブログを書《か》いてファンに発信《はっしん》するなども大切《たいせつ》です。

メイクアップアーティスト

テレビや映画《えいが》の俳優《はいゆう》、雑誌《ざっし》やファッションショーのモデルなどに化粧《けしょう》をする美容師《びようし》です。化粧《けしょう》でその人《ひと》を美《うつく》しく魅力的《みりょくてき》にします。

メイクアップアーティストになるには、美容師《びようし》の免許《めんきょ》が必要《ひつよう》です。
そのあと、メイクの技術《ぎじゅつ》をみがいて、自分《じぶん》の腕《うで》を認《みと》めてもらいます。

メイクアップの道具《どうぐ》

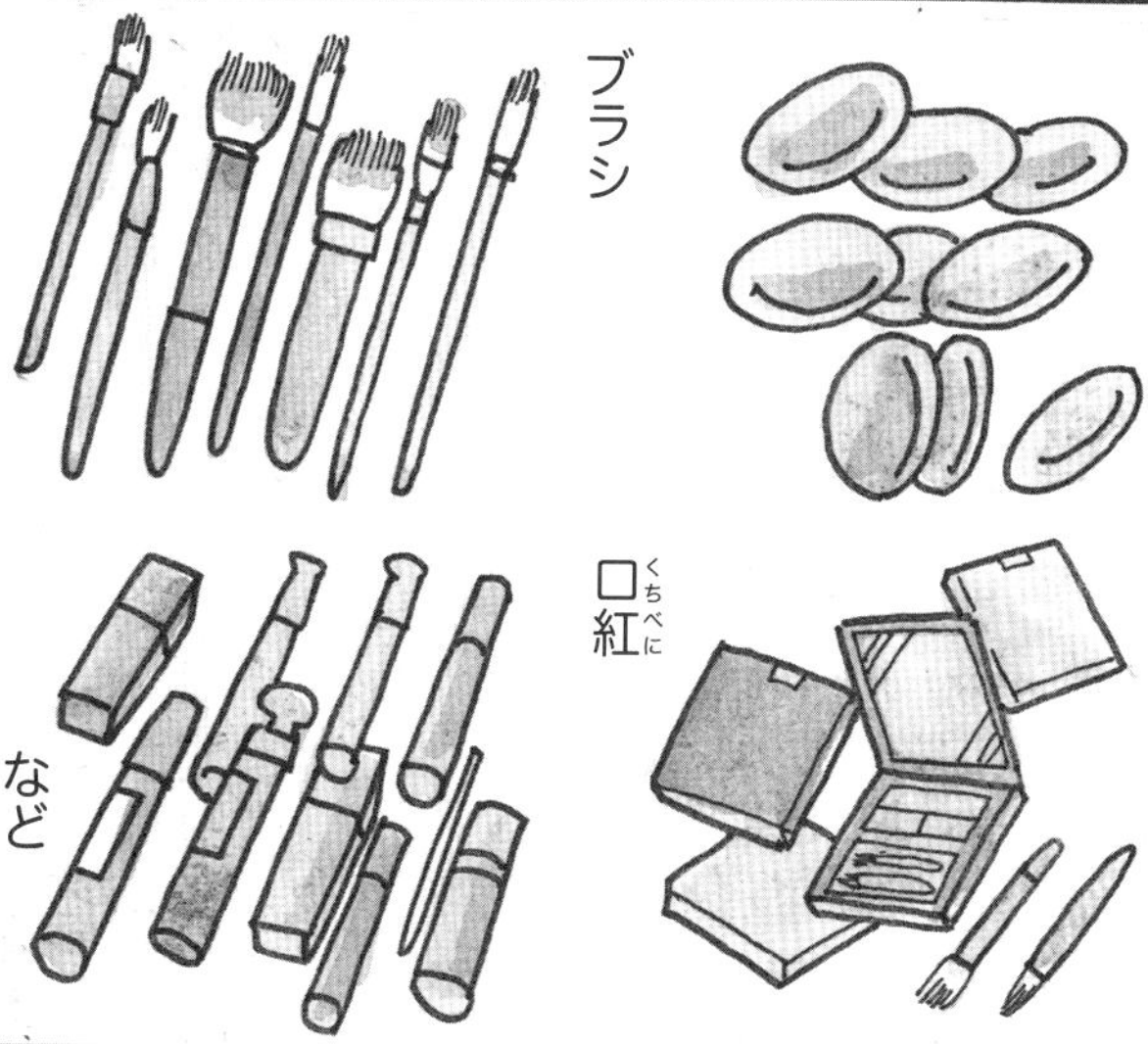
ファンデーション
ブラシ
アイシャドウ
口紅《くちべに》
など

ドラマの内容《ないよう》や時代背景《じだいはいけい》、ショーのふんいきなどに合《あ》わせ、化粧《けしょう》や特殊《とくしゅ》メイクをします。

メイクアップアーティストはさまざまな場所《ばしょ》で活躍《かつやく》しています。

美容院《びよういん》に勤《つと》めて、お客《きゃく》さんの個性《こせい》を引《ひ》き出《だ》す化粧《けしょう》をします。

結婚式場《けっこんしきじょう》の美容室《びようしつ》に勤《つと》めて、花嫁《はなよめ》が一番美《いちばんうつく》しく見《み》えるように化粧《けしょう》します。

化粧品会社《けしょうひんがいしゃ》に所属《しょぞく》して、化粧品売《けしょうひんう》り場《ば》でお客《きゃく》さんに化粧方法《けしょうほうほう》を指導《しどう》します。

その他《た》美容《びよう》関連《かんれん》の仕事《しごと》

エステティシャン

肌をもっと若々《わかわか》しくさせたい、スリムになりたい、といった希望《きぼう》のある人《ひと》に、顔《かお》や全身《ぜんしん》のマッサージなどをして、体《からだ》の手入《てい》れをします。また、美容《びよう》に関《かん》する相談《そうだん》にも乗《の》り、アドバイスもします。

エステティシャンになるには資格《しかく》はいりませんが、専門学校《せんもんがっこう》などで学《まな》んだあと、エステティックサロンの会社《かいしゃ》に就職《しゅうしょく》するのが一般的《いっぱんてき》です。

ネイリスト

つめ（ネイル）を美《うつく》しくするのが仕事《しごと》です。指先《ゆびさき》をマッサージしたり、つめ先《さき》をやすりでみがいて形《かたち》を整《ととの》えたり、マニキュアをぬったりします。

また、つめに絵《え》や模様《もよう》を描《えが》くネイルアートは、今《いま》、女性《じょせい》に大変《たいへん》な人気《にんき》があります。

ネイリストになるには資格《しかく》はいりませんが、専門学校《せんもんがっこう》で学《まな》んだあと、修《しゅ》行《ぎょう》を積《つ》んだり、日本《にほん》ネイリスト協会《きょうかい》の認定試験《にんていしけん》を受《う》けてステップアップするのが一般的《いっぱんてき》です。

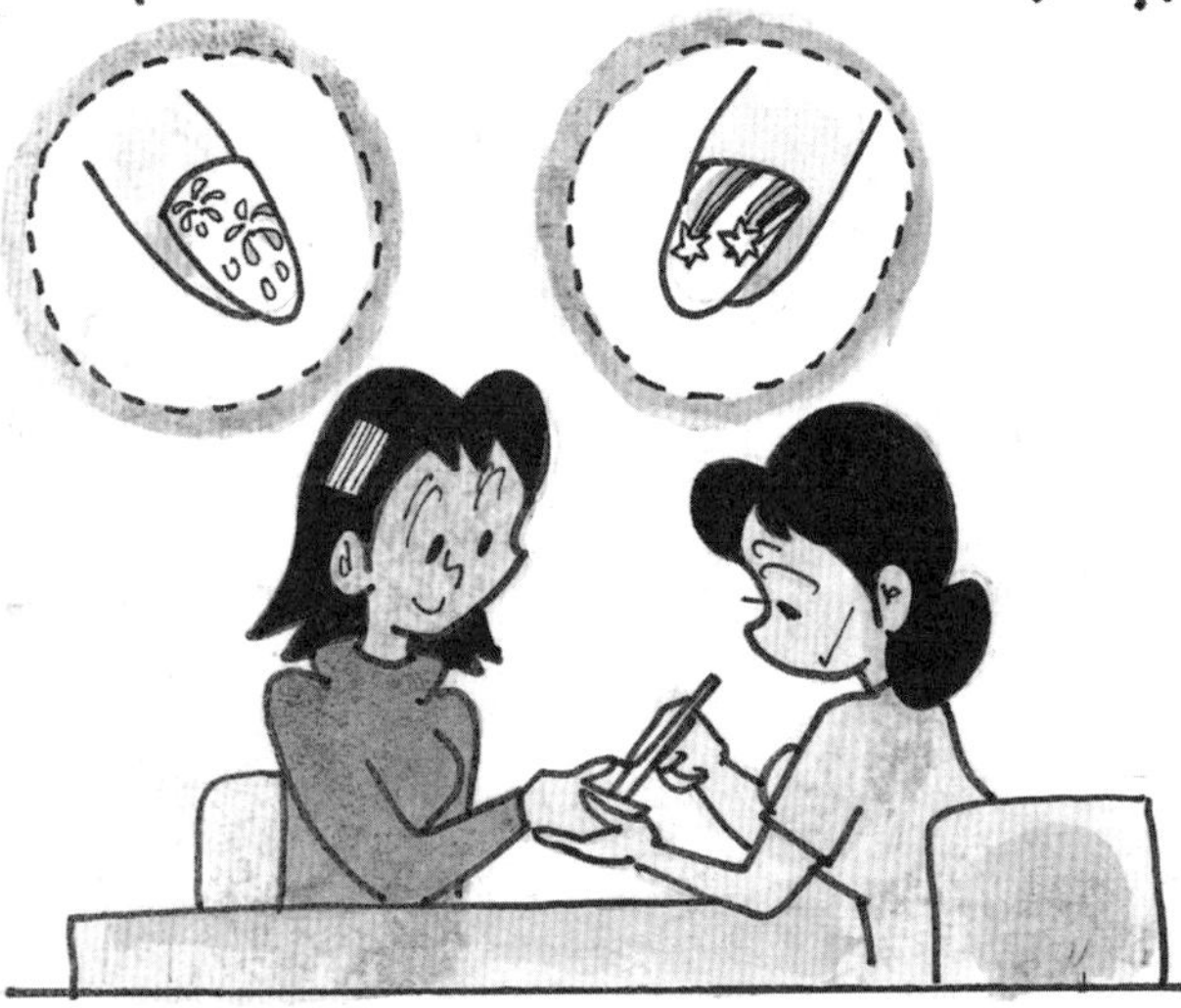

美容《びよう》と健康《けんこう》のための仕事《しごと》

リフレクソロジスト

足《あし》の裏《うら》にあるツボを押《お》したり、マッサージしたりして、悪《わる》いところを見《み》つけて、健康《けんこう》な体《からだ》にします。

アロマセラピスト

薬草《やくそう》や花《はな》から取《と》りだしたオイルを体《からだ》にぬって、マッサージをしたり、アロマ（香《かお》り）をかがせて、ストレスを解消《かいしょう》させたりします。

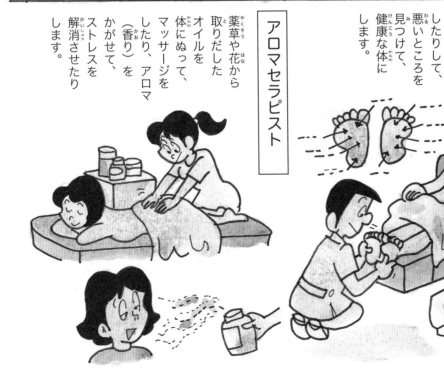

漁師《りょうし》

まわりを海《うみ》に囲《かこ》まれた日本《にほん》は、昔《むかし》から漁業《ぎょぎょう》がさかんで、世界《せかい》でも指折《ゆびお》りの水産国《すいさんこく》です。

大《たい》漁《りょう》

漁師《りょうし》になるには、漁業協同組合《ぎょぎょうきょうどうくみあい》、船主《せんしゅ》、漁業会社《ぎょぎょうがいしゃ》などに就職《しゅうしょく》します。独立《どくりつ》して沿岸漁師《えんがんりょうし》になるには、むずかしいしくみがあります。

漁師《りょうし》は出《で》かける海《うみ》によって、次《つぎ》の3種類《しゅるい》があります。

●沿岸漁業《えんがんぎょぎょう》

海岸《かいがん》から12海里《かいり》（約《やく》22キロメートル）までの沖合《おきあい》で漁《りょう》をします。

●沖合漁業《おきあいぎょぎょう》

海岸《かいがん》から220海里《かいり》（約《やく》370キロメートル）までで漁《りょう》をします。

●遠洋漁業《えんようぎょぎょう》

公海《こうかい》という、どの国《くに》のものでもない遠《とお》い海《うみ》まで行《い》って漁《りょう》をします。

定置網漁《ていちあみりょう》の場合《ばあい》

沿岸漁業《えんがんぎょぎょう》で使《つか》われる漁法《ぎょほう》です。魚《さかな》の通《とお》り道《みち》に網《あみ》をはり、みんなで力《ちから》を合《あ》わせて魚《さかな》を引《ひ》きあげます。

クレーンで魚《さかな》をすくいあげて、冷《つめ》たい氷水《こおりみず》の入《はい》っている船《ふね》の水《すい》そうにうつしかえます。

ザーッ

そのあと、すぐ港《みなと》にもどり、とれた魚《さかな》の種類《しゅるい》と大《おお》きさ別《べつ》に分《わ》けます。

漁《りょう》が終《お》わったら網《あみ》の修理《しゅうり》や、網《あみ》についた海草《かいそう》をとったりして、次《つぎ》の漁《りょう》のための準備《じゅんび》をします。

農家《のうか》（米《こめ》づくり）

日本人《にほんじん》の主食《しゅしょく》は、なんといってもお米《こめ》です。田《た》んぼは、お米《こめ》をつくるだけではなく、洪水《こうずい》をふせぐ、地球温暖化《ちきゅうおんだんか》をふせぐなど、自然環境《しぜんかんきょう》を守《まも》る役割《やくわり》もあります。
天候《てんこう》や気象《きしょう》に左右《さゆう》される仕事《しごと》ですが、季節《きせつ》の移《うつ》り変《か》わりを肌《はだ》で感《かん》じることができるのも、喜《よろこ》びのひとつです。

米《こめ》づくりの仕事《しごと》

荒代《あらしろ》かき（4月《がつ》）

田《た》んぼを耕《たがや》して、肥料《ひりょう》を入《い》れます。

代《しろ》かき（4月《がつ》）

そのあと、田《た》んぼに水《みず》を入《い》れて土《つち》をくだいて表面《ひょうめん》をならします。

苗《なえ》づくり

育苗箱《いくびょうばこ》(*)に種《たね》をまき、ビニールハウスで育《そだ》てます。日当《ひあ》たりや湿度《しつど》に気《き》をつけます。

田植《たう》え（5月《がつ》）

葉《は》が3枚《まい》出《で》たら、田植《たう》え機《き》で畑《はたけ》に植《う》えます。田植《たう》え機《き》がターンするときにできる、デコボコになった地面《じめん》は、手作業《てさぎょう》で平《たい》らにします。

※育苗箱《いくびょうばこ》…苗《なえ》をつくるための箱《はこ》

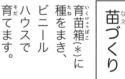

水管理《みずかんり》（5〜8月《がつ》）

稲《いね》が元気《げんき》に育《そだ》つように、水《みず》の量《りょう》も調節《ちょうせつ》します。

除草《じょそう》（5〜8月《がつ》）

雑草《ざっそう》に、稲《いね》の養分《ようぶん》がとられないよう、また、作業《さぎょう》するとき田《た》んぼに入《はい》りやすくするため、下草《したくさ》を刈《か》ります。

追肥《ついひ》（5〜8月《がつ》）

稲《いね》の生育《せいいく》を見《み》ながら、肥料《ひりょう》を与《あた》えます。

中干《なかぼ》し（6月《がつ》ごろ）

しっかりした根《ね》にするため、田《た》んぼの水《みず》をぬいて畑《はたけ》のようにします。

稲刈《いねか》り（9月《がつ》）

いよいよ待《ま》ちに待《ま》った収穫《しゅうかく》です。コンバインを使《つか》うと、稲《いね》の刈《か》りとりから脱穀《だっこく》（＊）まで一度《いちど》にできてしまいます。

コンバインではなく、手《て》で刈《か》りとったときは稲《いね》を干《ほ》します。

米《こめ》の加工品《かこうひん》

清酒《せいしゅ》
酒
米酢《こめず》
酢
もち
酒《さけ》かす
ビーフン
せんべい
など

米《こめ》づくり農家《のうか》になるには、高校《こうこう》の農業科《のうぎょうか》や大学《だいがく》の農業科《のうぎょうか》を卒業《そつぎょう》したあと、家《いえ》が農家《のうか》の場合《ばあい》はあとをつぎ、土地《とち》のない人《ひと》は農業組合法人《のうぎょうくみあいほうじん》などに就職《しゅうしょく》します。

※脱穀《だっこく》…穀物《こくもつ》のつぶを穂《ほ》からとりはずすこと。

農家《のうか》（野菜《やさい》づくり）

野菜《やさい》があまり好《す》きではないこどもも多《おお》いようですが、ビタミンなど、栄養《えいよう》がいっぱいです。私《わたし》たちは、安全《あんぜん》・安心《あんしん》でおいしい野菜《やさい》を一生懸命《いっしょうけんめい》育《そだ》てています。いっぱい食《た》べてくださいね。
野菜《やさい》づくり農家《のうか》になるには、農業高校《のうぎょうこうこう》や大学《だいがく》の農学部《のうがくぶ》で勉強《べんきょう》したあと、実家《じっか》が農家《のうか》の人《ひと》はあとをつぎます。農地《のうち》のない人《ひと》は、土地《とち》を手《て》に入《い》れてはじめたり、農業組合法人《のうぎょうくみあいほうじん》などに就職《しゅうしょく》します。

野菜《やさい》づくりの仕事《しごと》

野菜《やさい》づくりには化学肥料《かがくひりょう》や農薬《のうやく》を使《つか》う方法《ほうほう》があります。これらは見《み》た目《め》や生産効率《せいさんこうりつ》はよいのですが、安全《あんぜん》とはいいきれない場合《ばあい》もあります。

化成肥料

消毒《しょうどく》

これに対《たい》して、化学肥料《かがくひりょう》や農薬《のうやく》を使《つか》わない方法《ほうほう》を「有機《ゆうき》・無農薬栽培《むのうやくさいばい》」といいます。

自然《しぜん》の中《なか》にあるものからつくられた肥料《ひりょう》です。

鶏《けい》フン

けいふん

ニワトリのフン

牛《ぎゅう》フン

牛ふん

牛《うし》のフン

など

今《いま》、自然《しぜん》にやさしく、食《た》べて安全《あんぜん》な「有機《ゆうき》・無農薬《むのうやく》(または低農薬《ていのうやく》)栽培《さいばい》」がさかんになってきています。

露地栽培《ろじさいばい》

外《そと》の畑《はたけ》で野菜《やさい》をつくる、昔《むかし》からある農法《のうほう》です。

ハウス栽培《さいばい》

ビニールハウスの中《なか》なので、気温《きおん》を調節《ちょうせつ》でき、害虫被害《がいちゅうひがい》も少《すく》なくてすみますが、お金《かね》がかかります。

その他《ほか》、土《つち》を使《つか》わない「水耕栽培《すいこうさいばい》」もあります。

ひと口《くち》に野菜《やさい》といっても、たくさんの種類《しゅるい》があります。農家《のうか》には、それぞれ専門《せんもん》につくる野菜《やさい》があります。

野菜《さい》の有機栽培《ゆうきさいばい》

土《つち》づくり

堆肥《たいひ》や腐葉土《ふようど》を土《つち》にまぜ、元肥《もとごえ》（最初《さいしょ》に与《あた》える肥料《ひりょう》）を与《あた》えます。

種《たね》まき

種《たね》は手《て》でまいたり、機械《きかい》を使《つか》ってまいたりします。

この機械《きかい》を使《つか》うと、種《たね》が同《おな》じ間《かん》かくでまけます。
タネ
クル
クル

いろいろな作業《さぎょう》

野菜《やさい》によって支柱《しちゅう》を立《た》てたり、たなをつくったりします。

害虫駆除《がいちゅうくじょ》

有機栽培《ゆうきさいばい》では害虫《がいちゅう》が発生《はっせい》するので、こまめに駆除《くじょ》します。

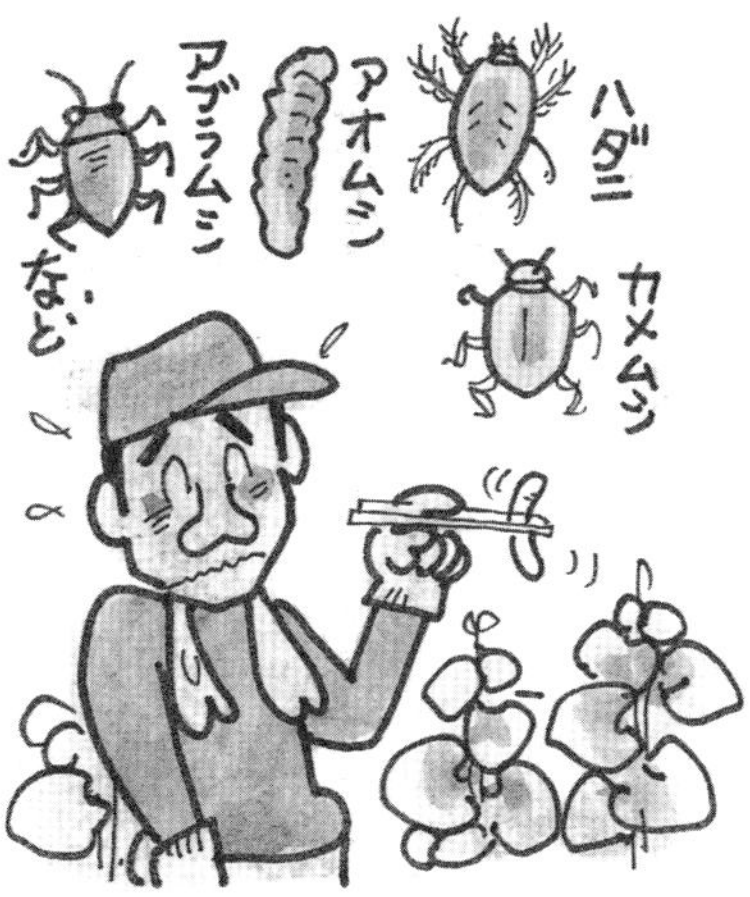
ハダニ
カメムシ
アオムシ
アブラムシ
など

雑草取《ざっそうと》り

特《とく》に夏場《なつば》は雑草《ざっそう》がたくさん出《で》てくるので、ていねいにぬきます。

ザッ
ザッ

追肥《ついひ》

元肥《もとごえ》だけでは栄養《えいよう》が足《た》りなくなってくるので、また肥料《ひりょう》を与《あた》えます。

パラ
パラ

収穫《しゅうかく》

よく育《そだ》った野菜《やさい》を収穫《しゅうかく》します。

出荷作業《しゅっかさぎょう》

大《おお》きさやできぐあいによって分《わ》けて、袋《ふくろ》や箱《はこ》に入《い》れ、出荷《しゅっか》します。

酪農家《らくのうか》

酪農《らくのう》とは、主《おも》に乳牛《にゅうぎゅう》を育《そだ》てて生乳《せいにゅう》や乳製品《にゅうせいひん》をつくる仕事《しごと》です。
牛乳《ぎゅうにゅう》は人間《にんげん》に必要《ひつよう》な栄養《えいよう》のすべてをふくんでいます。特《とく》に成長期《せいちょうき》のこどもたちはいっぱい牛乳《ぎゅうにゅう》を飲《の》んでくださいね。
MILK

酪農家《らくのうか》は、毎日《まいにち》太陽《たいよう》がのぼる前《まえ》から仕事《しごと》を始《はじ》めます。

そうじ

よごれたしきワラを新《あたら》しいものにとりかえます。

フンも、ふけつにならないようにきれいにかたづけます。

えさを与《あた》える

えさを与《あた》えながら、牛《うし》が健康《けんこう》かどうか見《み》ます。

搾乳《さくにゅう》（乳《ちち》しぼり）

今《いま》は機械《きかい》でしぼっています。1頭《とう》から1日《にち》に20キロ～50キロもとれます。

生乳《せいにゅう》（しぼったままで殺菌《さっきん》などされていない乳《ちち》）は農協《のうきょう》などの回収車《かいしゅうしゃ》で牛乳工場《ぎゅうにゅうこうじょう》に出荷《しゅっか》されます。

放牧《ほうぼく》

牛《うし》たちは春《はる》から秋《あき》にかけては放牧《ほうぼく》され、広《ひろ》い自然《しぜん》の中《なか》でのびのびと暮《く》らします。

冬《ふゆ》は放牧《ほうぼく》できないので、天気《てんき》のよい日《ひ》だけ外《そと》に出《だ》すようにします。

昼間《ひるま》の作業《さぎょう》

放牧中《ほうぼくちゅう》の牛《うし》の様子《ようす》を見《み》たり、柵《さく》や器具《きぐ》などがこわれていないか見《み》てまわります。

トン
トン

牧草《ぼくそう》

春《はる》から秋《あき》にかけて牧草《ぼくそう》を育《そだ》て、サイロ（飼料用《しりょうよう》の倉庫《そうこ》）に貯蔵《ちょぞう》します。

そして、夕方《ゆうがた》にまたえさを与《あた》え、乳《ちち》しぼりをします。生《い》き物《もの》が相手《あいて》ですから、一年中《いちねんじゅう》休《やす》みはありません。
体力《たいりょく》が必要《ひつよう》です。

子牛《こうし》を産《う》ませる

子牛《こうし》をふやすのも大切《たいせつ》な仕事《しごと》です。出産《しゅっさん》シーンは感動的《かんどうてき》です。

哺乳《ほにゅう》ビンを使《つか》って子牛《こうし》に乳《ちち》を飲《の》ませたりします。

乳製品《にゅうせいひん》にはこんなものがあります

牛乳《ぎゅうにゅう》
MILK
チーズ
ヨーグルト
アイスクリーム
ICE C
ソフトクリーム
バター
など

酪農家《らくのうか》になるには農業高校《のうぎょうこうこう》や大学《だいがく》の畜産科《ちくさんか》を卒業《そつぎょう》して、農場《のうじょう》に就職《しゅうしょく》します。

その他《た》の農家《のうか》

●畜産農家《ちくさんのうか》

牛《うし》、豚《ぶた》、ニワトリ、ヒツジなどを飼《か》って、肉《にく》、卵《たまご》、毛皮《けがわ》、羽根《はね》などをとります。牛《うし》やヒツジを飼《か》って、チーズや牛乳《ぎゅうにゅう》をとる農家《のうか》のことを、特《とく》に酪農家《らくのうか》（118ページ）といいます。

●果樹園農家《かじゅえんのうか》

リンゴ、カキ、ブドウ、モモなどくだものを栽培《さいばい》する農家《のうか》です。苗木《なえぎ》を植《う》えてから収穫《しゅうかく》するまで何年《なんねん》もかかります。

●花卉栽培農家《かきさいばいのうか》

花卉《かき》とは草花《くさばな》のことです。ホームセンターや花屋《はなや》で売《う》られている観賞用《かんしょうよう》の草花《くさばな》を専門《せんもん》に育《そだ》てます。

●養蜂農家《ようほうのうか》

何万匹《なんまんびき》ものミツバチを飼《か》って、はちみつをとります。花《はな》を求《もと》めて日本各地《にほんかくち》を移動《いどう》することもあります。

林業家《りんぎょうか》

森林《しんりん》は土砂《どしゃ》くずれや洪水《こうずい》、地球温暖化《ちきゅうおんだんか》をふせぐなど、いろいろな役割《やくわり》をしています。

林業《りんぎょう》は木材《もくざい》をつくる仕事《しごと》ですが、同時《どうじ》に、こうして自然環境《しぜんかんきょう》を守《まも》ることにもなっているのです。

林業家《りんぎょうか》になるには、森林組合《しんりんくみあい》、または民間《みんかん》の林業会社《りんぎょうかいしゃ》に就職《しゅうしょく》します。

木材《もくざい》ができるまで

苗木《なえぎ》づくり

苗畑《なえばたけ》で2～4年《ねん》かけて苗木《なえぎ》を育《そだ》てます。

植《う》えつけ

育《そだ》てた苗木《なえぎ》を2～3月《がつ》に植《う》えます。

下刈《したか》り

苗木《なえぎ》のじゃまになる雑草《ざっそう》を刈《か》って、太陽《たいよう》がよく当《あ》たるようにします。

除伐《じょばつ》

木《き》にからんだつるや、育《そだ》ちの悪《わる》い木《き》を切《き》り除《のぞ》きます。

枝打《えだう》ち

節《ふし》のない木《き》にするため、枝《えだ》を切《き》り落《お》とします。

間伐《かんばつ》

20年《ねん》もたったころ、りっぱな木《き》を残《のこ》し、よくない木《き》を切《き》ります。

切《き》り出《だ》し

植《う》えつけてから40～50年《ねん》たって、木材《もくざい》ができあがります。

自然《しぜん》の中《なか》で働《はたら》く人《ひと》

●森林官《しんりんかん》

林野庁《りんやちょう》が管理《かんり》している国有林《こくゆうりん》の見《み》まわりをする公務員《こうむいん》です。山《やま》の中《なか》に入《はい》り、森林《しんりん》に異状《いじょう》がないかチェックします。

森林官《しんりんかん》になるには公務員《こうむいん》I種《しゅ》、またはII種《しゅ》に合格《ごうかく》したあと林野庁《りんやちょう》に入《はい》り研修《けんしゅう》をうけて、各地《かくち》の国有林事務所《こくゆうりんじむしょ》に配属《はいぞく》されます。

●自然保護官《しぜんほごかん》

パークレンジャー（公園《こうえん》の監視員《かんしいん》）ともいいます。国立公園《こくりつこうえん》を見《み》まわって、生《い》き物《もの》や自然環境《しぜんかんきょう》を保護《ほご》する活動《かつどう》をします。

自然保護官《しぜんほごかん》になるには国家公務員《こっかこうむいん》の採用試験《さいようしけん》に合格《ごうかく》して、環境省《かんきょうしょう》に採用《さいよう》されます。そのあと各地《かくち》にある自然保護官事務所《しぜんほごかんじむしょ》に配属《はいぞく》されます。

●森林《しんりん》インストラクター

森林《しんりん》をおとずれる人《ひと》たちに、自然《しぜん》や生《い》き物《もの》のことを教《おし》える「森《もり》の案内人《あんないにん》」です。

森林《しんりん》インストラクターになるには、20歳以上《さいいじょう》で、全国《ぜんこく》レクリエーション協会《きょうかい》が年《ねん》1回行《かいおこな》っている試験《しけん》で合格《ごうかく》します。

幅広《はばひろ》い知識《ちしき》が必要《ひつよう》で、合格率《ごうかくりつ》は17％前後《ぜんご》です。

樹木医《じゅもくい》

樹木《じゅもく》も長《なが》い年月《ねんげつ》がたったり、環境《かんきょう》の変化《へんか》などで勢《いきお》いがおとろえてきます。また、虫《むし》にくわれたり、病気《びょうき》になることもあります。そんなときに診断《しんだん》して、治療《ちりょう》や予防《よぼう》をする仕事《しごと》です。樹木医《じゅもくい》になるには、樹医《じゅい》としても仕事経験《しごとけいけん》のある人《ひと》が、日本緑化《にほんりょくか》センターの行《おこな》う研修《けんしゅう》をうけ、試験《しけん》に合格《ごうかく》して、最後《さいご》に資格審査《しかくしんさ》に通《とお》ります。

ネイチャーガイド

山《やま》や海《うみ》にきた人《ひと》に、その土地《とち》ならではの自然《しぜん》や生《い》き物《もの》を紹介《しょうかい》する「自然案内人《しぜんあんないにん》」です。また、他《ほか》にはないような旅行《りょこう》の企画《きかく》を考《かんが》えたりもします。ネイチャーガイドになるには資格《しかく》や免許《めんきょ》は必要《ひつよう》ありません。深《ふか》い知識《ちしき》と経験《けいけん》が必要《ひつよう》です。

天文学者《てんもんがくしゃ》

星空《ほしぞら》の観察《かんさつ》をして宇宙《うちゅう》や地球《ちきゅう》のことを調《しら》べる仕事《しごと》です。とてもスケールの大《おお》きな仕事《しごと》といえるでしょう。天文学者《てんもんがくしゃ》になるには、宇宙《うちゅう》のことを学《まな》べる大学《だいがく》か、天文学者《てんもんがくしゃ》のいる大学《だいがく》に入《はい》って勉強《べんきょう》します。また、別《べつ》に仕事《しごと》をもっていて、星《ほし》の観察《かんさつ》をする人《ひと》をアマチュア天文家《てんもんか》といいます。

獣医師《じゅういし》

ペットは家族《ぞく》の一員《いちいん》です。獣医師《じゅういし》は、大切《たいせつ》に飼《か》われているペットの健康《けんこう》と、命《いのち》を守《まも》ります。
獣医《じゅうい》になるには、動物《どうぶつ》が大好《だいす》きなことはもちろんですが、体《からだ》と命《いのち》を思《おも》いやることのできる、やさしい心《こころ》が必要《ひつよう》です。

獣医師《じゅういし》の仕事《しごと》

町《まち》の動物病院《どうぶつびょういん》には、いろいろな動物《どうぶつ》がやってきます。
犬《いぬ》
猫《ねこ》
鳥《とり》
うさぎ
など

飼《か》い主《ぬし》との話《はなし》

動物《どうぶつ》は人間《にんげん》のように、体《からだ》のどこがどのように具合《ぐあい》が悪《わる》いのか、話《はな》すことができません。そこで、飼《か》い主《ぬし》から症状《しょうじょう》をくわしく聞《き》きます。

スキンシップ

だっこなどをして、動物《どうぶつ》から信頼《しんらい》してもらえるようにします。

診察《しんさつ》

いろいろな方法《ほうほう》で体《からだ》の具合《ぐあい》を見《み》ます。

手《て》で体《からだ》をさわる

歯《は》ぐきの色《いろ》を見《み》る

体温《たいおん》をはかる

肛門《こうもん》ではかります。

心臓《しんぞう》の音《おと》を聞《き》く

ドキドキドキ
など

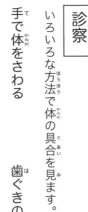

医療《いりょう》機器《き》

超音波診断装置《ちょうおんぱしんだんそうち》や、内視鏡《ないしきょう》などがあります。

投薬《とうやく》

薬《くすり》を配合《はいごう》して、動物《どうぶつ》の体重《たいじゅう》に合《あ》わせて量《りょう》をきめます。

ケガの治療《ちりょう》

交通事故《こうつうじこ》でケガをしたときなど、人間《にんげん》と同《おな》じようにレントゲンを撮《と》り、ますいをかけて手術《しゅじゅつ》をします。

入院《にゅういん》

症状《しょうじょう》の重《おも》い動物《どうぶつ》は入院《にゅういん》させ、常《つね》に健康状態《けんこうじょうたい》に気《き》くばりします。

他《ほか》にもあるいろいろな仕事《しごと》

獣医師《じゅういし》の中《なか》で、町《まち》の動物病院《どうぶつびょういん》で働《はたら》く人《ひと》は、全体《ぜんたい》の2割《わり》くらいです。

家畜《かちく》（牛《うし》、馬《うま》、豚《ぶた》など）を専門《せんもん》でみます。

外国《がいこく》から入ってくる動物《どうぶつ》や食肉《しょくにく》が安全《あんぜん》かどうか調《しら》べます。

他《ほか》の勤務先《きんむさき》

動物園《どうぶつえん》

競馬場《けいばじょう》のきゅう舎《しゃ》

ペット用《よう》の食品会社《しょくひんがいしゃ》

水族館《すいぞくかん》

など

獣医《じゅうい》になるには、獣医学科《じゅういがっか》のある6年制《ねんせい》の大学《だいがく》を卒業《そつぎょう》したあと、「獣医師国家試験《じゅういしこっかしけん》」に合格《ごうかく》して、免許《めんきょ》をとります。

動物園飼育係《どうぶつえんしいくがかり》

動物《どうぶつ》たちは、自分《じぶん》のこどもと同《おな》じように大切《たいせつ》です。毎日《まいにち》よく観察《かんさつ》して研究《けんきゅう》し、じょうぶに育《そだ》つように努力《どりょく》しています。

動物園《どうぶつえん》にはたくさんの種類《しゅるい》の動物《どうぶつ》がいますから、それぞれ担当《たんとう》があります。

飼育係《しいくがかり》の仕事《しごと》

おりのそうじ

自分《じぶん》の担当《たんとう》する動物《どうぶつ》の時間《じかん》に合《あ》わせて仕事《しごと》をはじめます。

ゴシゴシ

そうじのとき、食《た》べ残《のこ》しやフンを見《み》て、健康《けんこう》かどうかチェックします。

えさやり

オスの象《ぞう》は、一日《いちにち》に100～150 kgもえさを食《た》べるんですよ。

干《ほ》し草《くさ》
キャベツ
食《しょく》パン
など
もぐもぐ

展示場《てんじじょう》のそうじ

きれいにそうじして、お客《きゃく》さんが気分《きぶん》よく見《み》られるようにします。

シャーッ

説明《せつめい》

お客《きゃく》さんに、いろいろな動物《どうぶつ》の説明《せつめい》をします。

調教《ちょうきょう》

動物《どうぶつ》によっては演技《えんぎ》を教《おし》えて、お客《きゃく》さんに喜《よろこ》んでもらいます。

繁殖《はんしょく》

特《とく》に貴重《きちょう》な動物《どうぶつ》は、こどもを産《う》ませてふやします。動物園《どうぶつえん》の大切《たいせつ》な仕事《しごと》です。

修理《しゅうり》

こわれているオリや柵《さく》を直《なお》します。

トン
トン

手当《てあ》て

病気《びょうき》になったり、ケガをした生《い》き物《もの》の手当《てあ》てをします。

飼育日誌《しいくにっし》

一日《いちにち》のおわりに飼育日誌《しいくにっし》を書《か》きます。

研究《けんきゅう》

生《い》き物《もの》の生態《せいたい》を記録《きろく》にとり、これからの飼育《しいく》に役立《やくだ》てます。また、新《あたら》しい情報《じょうほう》は常《つね》に仕入《しい》れます。

ジーッ

動物園《どうぶつえん》の飼育係《しいくがかり》になるには、民間《みんかん》の動物園《どうぶつえん》の場合《ばあい》、採用試験《さいようしけん》を受《う》けて就職《しゅうしょく》します。公営《こうえい》の動物園《どうぶつえん》の場合《ばあい》は、地方公務員試験《ちほうこうむいんしけん》に合格《ごうかく》して、就職《しゅうしょく》します。

ペットショップ店員《てんいん》

家族《かぞく》の一員《いちいん》となるペットを売《う》ります。世話《せわ》をしてきたペットが売《う》られるときは、ちょっとさみしい気《き》もしますが、よい飼《か》い主《ぬし》さんにめぐりあえてよかったとも思《おも》います。

ペットショップで働《はたら》くには資格《しかく》はいりません。生《い》き物《もの》に対《たい》する幅広《はばひろ》い知識《ちしき》と、深《ふか》い愛情《あいじょう》が必要《ひつよう》です。

ペットショップで売《う》られる生《い》き物《もの》

それぞれを専門《もん》にあつかう店《みせ》もあります。

飼《か》うとき必要《ひつよう》になるエサやカゴ、道具《どうぐ》も売《う》っています。

ペットショップ店員《てんいん》の仕事《しごと》

さんぽもさせます。

中《なか》にはトリマー（129ページ）のいる店《みせ》や、飼《か》い主《ぬし》がるすの間《あいだ》あずかるペットホテルのある店《みせ》もあります。

毎日《まいにち》、生《い》き物《もの》にエサや水《みず》をやり、そうじをして世話《せわ》をします。

買《か》いにきたお客《きゃく》さんの希望《きぼう》をきいて紹介《しょうかい》したり、飼《か》い主《ぬし》にアドバイスをします。

トリマー

イヌやネコの毛を刈《か》りこんで整《ととの》えることを「トリム」といい、その仕事《しごと》をする人《ひと》のことを「トリマー」といいます。つまり、イヌやネコの美容師《びようし》です。

トリマーに向《む》くのは、やっぱりイヌやネコが大好《だいす》きな人《ひと》でしょう。体力《たいりょく》を使《つか》う仕事《しごと》ですが、飼《か》い主《ぬし》さんが「きれいになったわね」、「かわいくなったわ」などと言《い》ってくれると、疲《つか》れもふきとんでしまいます。

犬《いぬ》の種類《しゅるい》によってカットの仕方《しかた》がちがいます。プードルなどは代表的《だいひょうてき》なカットの仕方《しかた》だけで20種類《しゅるい》もあります。

ブラッシング

主《おも》に毛玉《けだま》をとります。やさしくほぐします。

シャンプー

目《め》、鼻《はな》、口《くち》に液《えき》やお湯《ゆ》が入《はい》らないようにていねいにします。

ブロー

ドライヤーを使《つか》って毛《け》をかわかします。

ブォーッ

カット

こわがらせないように注意《ちゅうい》して毛《け》を刈《か》りこみます。

チョキチョキ

トリミング

毛《け》を整《ととの》え、つめ切《き》りや耳《みみ》そうじをします。

ホジホジ
プッチン

トリマーになるには、トリマー養成施設《ようせいしせつ》を卒業《そつぎょう》することが必要《ひつよう》です。

就職先《しゅうしょくさき》

・動物病院《どうぶつびょういん》
・ペットホテル
・ペット美容院《びよういん》
・ペットショップ

自分《じぶん》で開業《かいぎょう》する人《ひと》もいます。

ペットの健康《けんこう》に関《かん》する「動物看護士《どうぶつかんごし》」の資格《しかく》を持《も》っていると、就職《しゅうしょく》に有利《ゆうり》になります。

小学校教諭《しょうがっこうきょうゆ》

とても忙《いそが》しい仕事《しごと》ですが、こどもたちの未来《みらい》を考《かんが》えているとやりがいを感《かん》じます。

小学校教諭《しょうがっこうきょうゆ》の仕事《しごと》

授業《じゅぎょう》の準備《じゅんび》

その日《ひ》の授業《じゅぎょう》の内容《ないよう》を確認《かくにん》したり資料《しりょう》をそろえたりします。

朝《あさ》

欠席者《けっせきしゃ》がいないか、みんな元気《げんき》かチェックします。

おはようございまーす

授業《じゅぎょう》

みんなが勉強《べんきょう》に興味《きょうみ》がでるように工夫《くふう》します。

先生《せんせい》、質問《しつもん》！
はい。

もちろん先生《せんせい》にも苦手《にがて》な科目《かもく》があります。そんなときは先生《せんせい》どうしで話《はな》し合《あ》います。

給食《きゅうしょく》

好《す》ききらいなく、食《た》べ残《のこ》さないように指導《しどう》するのも仕事《しごと》です。

運動会《うんどうかい》

まずはケガなどがないように注意《ちゅうい》します。自分《じぶん》の生徒《せいと》ががんばっている姿《すがた》を見《み》ると、やっぱりうれしいです。

ワー!ッ
ワー!ッ

授業参観《じゅぎょうさんかん》

やっぱり緊張《きんちょう》します。

ドキドキ

そうじ

みんなで協力《きょうりょく》して、やります。

放課後《ほうかご》も職員会議《しょくいんかいぎ》やテストの採点《さいてん》などをします。

みんなが楽《たの》しい夏休《なつやす》みも、先生《せんせい》は勉強会《べんきょうかい》などのいろいろな予定《よてい》が入《はい》っています。

家族《かぞく》とのつながりを深《ふか》めるために、学校《がっこう》の様子《ようす》を書《か》いた学級通信《がっきゅうつうしん》などを発行《はっこう》したりします。

学級新聞

小学校《しょうがっこう》の先生《せんせい》になるには、「教員資格認定試験《きょういんしかくにんていしけん》」に合格《ごうかく》して教員免許《きょういんめんきょ》をとるか、小学校《しょうがっこう》教員養成《きょういんよう》課程《かてい》のある学校《がっこう》を卒業《そつぎょう》して、小学校《しょうがっこう》に就職《しゅうしょく》します。

保育士《ほいくし》

いそがしい保護者《ほごしゃ》にかわって、小学校《しょうがっこう》入学前《にゅうがくまえ》のこどもたちのお世話《せわ》をする仕事《しごと》です。

保育士《ほいくし》はこどもが大好《だいす》きなことが一番《いちばん》です。こどもはいろいろなことを敏感《びんかん》に見抜《みぬ》いてしまいます。でも、こどもが日々《ひび》成長《せいちょう》していく姿《すがた》を見《み》るのは、本当《ほんとう》にうれしいものです。

保育士《ほいくし》の仕事《しごと》

最近《さいきん》では男性《だんせい》の保育士《ほいくし》もふえています。

登園《とうえん》

お母《かあ》さんやお父《とう》さんがこどもを連《つ》れてきます。

朝《あさ》のミーティング

うち合《あ》わせをします。

乳児《にゅうじ》クラス

赤《あか》ちゃんはお母《かあ》さんの姿《すがた》が見《み》えないので心配《しんぱい》になります。やさしく話《はな》しかけたりして不安《ふあん》を取《と》りのぞいてあげると、だんだんとなついてきます。

着《き》がえ

ひとりで着《き》がえができるように教《おし》えます。大切《たいせつ》なのはむりをしないでゆっくり見守《みまも》り、できたらほめてあげることです。

トイレ

ひとりでトイレができるように教《おし》えます。乳児《にゅうじ》クラスでは、おむつをかえます。

食事《しょくじ》

こどもたちにもお手伝《てつだ》いさせて準備《じゅんび》します。

いただきまーす

楽《たの》しく食《た》べられる工夫《くふう》をします。

昼寝《ひるね》

生活《せいかつ》のリズムをつけさせます。なかなかねつけないこどもには小《ちい》さい声《こえ》で子守唄《こもりうた》を歌《うた》ったり、お話《はなし》をしてあげます。

こどもがねている間《あいだ》に、家《いえ》の人《ひと》にれんらく帳《ちょう》を書《か》きます。

散歩《さんぽ》

集団行動《しゅうだんこうどう》や交通《こうつう》ルールを教《おし》えます。

イベント

こどもたちの喜《よろこ》ぶイベントをします。

運動会《うんどうかい》
イモほり
学芸会《がくげいかい》
クリスマス会《かい》
など

体調管理《たいちょうかんり》

元気《げんき》かどうか、それぞれのこどもに気《き》をくばります。顔色《かおいろ》や動《うご》きをみます。

おむかえ

またあしたね。
バイバーイ

教育《きょういく》にたずさわる人《ひと》

●幼稚園教諭《ようちえんきょうゆ》

満《まん》3歳《さい》から小学校《しょうがっこう》に入学《にゅうがく》する前《まえ》の幼児《ようじ》を預《あず》かります。そしていっしょに歌《うた》を歌《うた》ったり工作《こうさく》などをしながら、生活習慣《せいかつしゅうかん》や、みんなと仲《なか》よくするルールを指導《しどう》します。保育士《ほいくし》とは資格《しかく》が別《べつ》になり、また勤務先《きんむさき》も幼稚《ようち》園《えん》と保育園《ほいくえん》とでことなります。

●中学校《ちゅうがっこう》・高等学校教諭《こうとうがっこうきょうゆ》

中学校《ちゅうがっこう》の先生《せんせい》は小学校《しょうがっこう》とちがい、教科担任制《きょうかたんにんせい》といって、国語《こくご》、数学《すうがく》、理科《りか》など、科目《かもく》ごとの教員免許《きょういんめんきょ》が必要《ひつよう》になります。高等学校《こうとうがっこう》(高校《こうこう》)になると、教《おし》える科目数《かもくすう》も増《ふ》え、内容《ないよう》も深《ふか》くなります。

●養護教諭《ようごきょうゆ》

一般《いっぱん》に「保健室《ほけんしつ》の先生《せんせい》」とよばれています。予防接種《よぼうせっしゅ》や健康診断《けんこうしんだん》をしたりして、児童《じどう》、生徒《せいと》の健康《けんこう》管理《かんり》をします。また、なやみ相談《そうだん》などもして、心《こころ》のカウンセラー的《てき》な仕事《しごと》もします。

●大学教授《だいがくきょうじゅ》

大学《だいがく》に在籍《ざいせき》して、自分《じぶん》の専《せん》門分野《もんぶんや》の研究《けんきゅう》をしながら、その研究成果《けんきゅうせいか》や、知識《ちしき》、学《がく》問《もん》を学生《がくせい》に教《おし》えます。また、その専門知識《せんもんちしき》を社会《しゃかい》に役立《やくだ》てるため、企業《きぎょう》や行《ぎょう》政《せい》と共同研究《きょうどうけんきゅう》することもあります。

●養護学校教諭《ようごがっこうきょうゆ》

知的発達障害児《ちてきはったつしょうがいじ》や、体《からだ》の不自由《ふじゆう》なこどもに幼稚園《ようちえん》、小学校《しょうがっこう》、中学校《ちゅうがっこう》、高校《こうこう》と同《おな》じような教育《きょういく》をします。また、ハンディキャップをおぎなうための知識《ちしき》や技能《ぎのう》を修得《しゅうとく》させる教育《きょういく》をおこないます。

●盲学校教諭《もうがっこうきょうゆ》、聾学校教諭《ろうがっこうきょうゆ》

盲学校《もうがっこう》では目《め》の不自由《ふじゆう》なこどもに、聾学校《ろうがっこう》では聴覚《ちょうかく》や言語《げんご》等《とう》の障害《しょうがい》のあるこどもに勉強《べんきょう》を教《おし》え、ハンディキャップをおぎなうための知識《ちしき》や技能《ぎのう》を修得《しゅうとく》させる教育《きょういく》をおこないます。

●学習塾《がくしゅうじゅく》、予備校講師《よびこうこうし》

学習塾《がくしゅうじゅく》には、学校《がっこう》の勉強《べんきょう》についていけないこどもに勉強《べんきょう》を教《おし》える「補習塾《ほしゅうじゅく》」や、希望《きぼう》する中学《ちゅうがく》、高校《こうこう》に合格《ごうかく》するための「進学塾《しんがくじゅく》」などがあります。予備校《よびこう》は主《おも》に大学《だいがく》をめざす高校生《こうこうせい》や浪人《ろうにん》生《せい》に勉強《べんきょう》を教《おし》えます。

●日本語教師《にほんごきょうし》

外国《がいこく》からやってきた労働者《ろうどうしゃ》、技術者《ぎじゅつしゃ》、留学生《りゅうがくせい》など、長期間《ちょうきかん》日本《にほん》で暮《く》らす人《ひと》たちに、日本《にほん》語《ご》の読《よ》み書《か》きから会話《かいわ》までを教《おし》える語学《ごがく》の先生《せんせい》です。また、日本《にほん》の文化《ぶんか》や習慣《しゅうかん》を教《おし》えることもあります。

神職《しんしょく》（神主《かんぬし》）

人々《ひとびと》からわざわいを取《と》りのぞき、幸《しあわ》せに暮《く》らせるように神々《かみがみ》にお祈《いの》りをささげる仕事《しごと》です。

神社《じんじゃ》は全国《ぜんこく》に約《やく》8万社《まんしゃ》あり、神社《じんじゃ》の責任者《せきにんしゃ》が神主《かんぬし》（宮司《ぐうじ》）です。
地域《ちいき》を守《まも》る神《かみ》を氏神《うじがみ》といい、氏神《うじがみ》に守《まも》られているのが氏子《うじこ》です。

神職《しんしょく》の主《おも》な仕事《しごと》

初宮詣《はつみやもうで》

赤《あか》ちゃんが無事《ぶじ》に育《そだ》つようにはじめて神社《じんじゃ》にお宮参《みやまい》りする行事《ぎょうじ》です。

七五三《しちごさん》

男《おとこ》の子《こ》は5歳《さい》、女《おんな》の子《こ》は3歳《さい》と7歳《さい》のとき、成長《せいちょう》を神《かみ》に祈《いの》ります。（男の子が3歳《さい》のときにもおこなうことがあります。）

どんど焼《や》き

小正月《こしょうがつ》（1月《がつ》15日《にち》）に古《ふる》いお札《ふだ》やしめなわを燃《も》やす祭《まつ》りです。

節分祭《せつぶんさい》

立春《りっしゅん》の前日《ぜんじつ》2月《がつ》3日《か》ころ、豆《まめ》をまいて厄払《やくばら》いします。

例祭《れいさい》

おみこしをかついだり、舞《まい》を奉納《ほうのう》して神々《かみがみ》に感謝《かんしゃ》の気持《きも》ちを伝《つた》えます。

地鎮祭《じちんさい》

家《いえ》を建《た》てるとき、土地《とち》の神様《かみさま》をしずめるために行《おこな》います。

その他《ほか》

・厄除《やくよ》けのお祓《はら》い
・安全祈願《あんぜんきがん》
・商売繁盛《しょうばいはんじょう》
・結婚式《けっこんしき》

…など

僧侶《そうりょ》（お坊《ぼう》さん）

仏教《ぶっきょう》の教《おし》え（すべての欲《よく》を捨《す》てれば、心《こころ》のさまざまな迷《まよ》いがさめること）を、守《まも》り伝《つた》えるのが本来《ほんらい》の仕事《しごと》です。

仏教《ぶっきょう》といっても、真言宗《しんごんしゅう》、天台宗《てんだいしゅう》、日蓮宗《にちれんしゅう》などたくさんの宗派《しゅうは》があり、仏教《ぶっきょう》の教《おし》えの解釈《かいしゃく》もちがっています。僧侶《そうりょ》は、ふつう宗門《しゅうもん》（自分《じぶん》の属《ぞく》している宗派《しゅうは》）と檀家《だんか》（信者《しんじゃ》とその家族《かぞく》）からまかせられている寺《てら》を運営《うんえい》します。

その寺《てら》や宗派《しゅうは》によって修行《しゅぎょう》や仕事《しごと》の内容《ないよう》はさまざまです。

僧侶《そうりょ》の仕事《しごと》

まず朝早《あさはや》く起《お》きて、お経《きょう》をあげます。

なくなった人《ひと》に戒名《かいみょう》（僧《そう》が死者《ししゃ》につける名前《なまえ》）をつけます。

お葬式《そうしき》にお経《きょう》をあげます。

お寺《てら》の年中行事《ねんちゅうぎょうじ》（仏会《ぶつえ》や法会《ほうえ》）をします。

法事《ほうじ》、法要《ほうよう》（なくなった人《ひと》の霊《れい》をなぐさめる行事《ぎょうじ》）をします。

その他《ほか》、お墓《はか》を見《み》たりそうじしてまわったり…

檀家《だんか》の人《ひと》たちの相談《そうだん》にのります。

でも、これだけの仕事《しごと》ではやっていけないお寺《てら》では、別《べつ》の仕事《しごと》もしています。

幼稚園《ようちえん》の経営《けいえい》

学校《がっこう》の先生《せんせい》

僧侶《そうりょ》になるのは、こどもがあとをつぐのがほとんどです。でも、あとつぎがいないお寺《てら》では、一般《いっぱん》から募集《ぼしゅう》したりします。

占《うらな》い師《し》

悩《なや》んでいるひとの運勢《うんせい》を予想《よそう》してアドバイスする仕事《しごと》です。常《つね》に、相談者《そうだんしゃ》が前向《まえむ》きに生《い》きられるように、話《はな》を聞《き》きます。

占《うらな》い師《し》になるには、資格《しかく》はいりません。有名《ゆうめい》な占《うらな》い師《し》の弟子《でし》になるか、占《うらな》い教室《きょうしつ》もあります。あとは、実力《じつりょく》しだいです。

西洋占星学《せいようせんせいがく》

星《ほし》の位置《いち》と動《うご》きをもとに未来《みらい》を占《うらな》います。

観相術《かんそうじゅつ》

相手《あいて》の顔《かお》や手相《てそう》などを見《み》て性格《せいかく》や運命《うんめい》を予想《よそう》します。

易占《えきせん》

筮竹《ぜいちく》(竹製《たけせい》の細《ほそ》い棒《ぼう》)や算木《さんぼく》(そろばん)を使《つか》います。

姓名判断《せいめいはんだん》

苗字《みょうじ》や名前《なまえ》の音《おと》や画数《かくすう》をみて占《うらな》います。

四柱推命《しちゅうすいめい》

生《う》まれた年《とし》・月《つき》・日《ひ》・時間《じかん》の4つをもとに占《うらな》います。

トランプ占《うらな》い

タロット占《うらな》い

それぞれトランプ、タロットカードを使《つか》います。

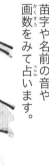

銀行員《ぎんこういん》

お金《かね》を貸《か》したり、借《か》りたりする仕事《しごと》を金融業《きんゆうぎょう》といいます。そして、規模《きぼ》や運営《うんえい》のちがいで、都市銀行《としぎんこう》、信用金庫《しんようきんこ》、信用組合《しんようくみあい》に分《わ》かれます。
金融機関《きんゆうきかん》で働《はたら》くには、大学《だいがく》を卒業《そつぎょう》したあと、企業《きぎょう》によって採用基準《さいようきじゅん》はちがいますが、銀行《ぎんこう》や信用金庫《しんようきんこ》などに就職《しゅうしょく》します。

銀行員《ぎんこういん》の仕事《しごと》

預金《よきん》

個人《こじん》や会社《かいしゃ》などからお金《かね》を預《あず》かって保管《ほかん》します。

営業《えいぎょう》

会社《かいしゃ》や商店《しょうてん》をまわってお金《かね》を集《あつ》めてくる仕事《しごと》です。

窓口《まどぐち》

銀行《ぎんこう》の1階《かい》カウンターでお金《かね》を預《あず》けに来《き》たお客《きゃく》さんを受《う》けつけます。

貸《か》し出《だ》し

融資《ゆうし》といって、お金《かね》を必要《ひつよう》としている人《ひと》や会社《かいしゃ》に貸《か》します。ちゃんと返《かえ》してもらえる信用《しんよう》がある相手《あいて》か、調《しら》べてから貸《か》します。

個人《こじん》

家《いえ》や車《くるま》などを買《か》うためのお金《かね》を貸《か》します。

会社《かいしゃ》、商店《しょうてん》

仕事《しごと》を運営《うんえい》するためのお金《かね》を貸《か》します。

公共事業《こうきょうじぎょう》

国《くに》や地方《ちほう》の公共団体《こうきょうだんたい》にたくさんのお金《かね》を貸《か》します。

運用《うんよう》

預《あず》かっているお金《かね》を上手《じょうず》に使《つか》ってふやしていく仕事《しごと》です。

預《あず》かったお金《かね》は利子《りし》をつけて返《かえ》し、貸《か》したお金《かね》は利子《りし》をつけて返《かえ》してもらいます。貸《か》したときの利子《りし》の方《ほう》が、預《あず》かったときの利子《りし》よりも高《たか》いので、その差額《さがく》が銀行《ぎんこう》の収益《しゅうえき》となります。

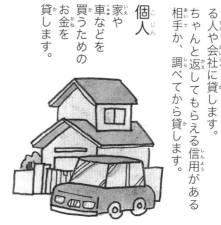

会社《かいしゃ》について

ひと口《くち》に会社《かいしゃ》といっても、日本《にほん》には数百万社《すうひゃくまんしゃ》もあり、社員《しゃいん》が数人《すうにん》しかいない会社《かいしゃ》や、何千人《なんぜんにん》もいる大《おお》きな会社《かいしゃ》もあり、仕事《しごと》の内容《ないよう》もさまざまです。
大《おお》ぜいの人《ひと》たちといっしょに働《はたら》くので、協調性《きょうちょうせい》が大切《たいせつ》です。ひとりでは無理《むり》な仕事《しごと》でも、会社《かいしゃ》だからなしとげられる、というのも魅力《みりょく》でしょう。
○○駅

会社《かいしゃ》の中《なか》の役割《やくわり》いろいろ

大《おお》きな会社《かいしゃ》ではいろいろな部署《ぶしょ》に分《わ》かれていて、働《はたら》く内容《ないよう》が決《き》まっていきます。

取締役《とりしまりやく》

社長《しゃちょう》などの重役《じゅうやく》を含《ふく》む、会社《かいしゃ》の経営者《けいえいしゃ》・経営陣《けいえいじん》です。

経理部門《けいりぶもん》

集金《しゅうきん》や支払《しはら》い、銀行《ぎんこう》からの資金《しきん》の借《か》り入《い》れなど、お金《かね》に関《かん》する仕事《しごと》をします。

人事部門《じんじぶもん》

どの人《ひと》を社員《しゃいん》として採用《さいよう》するか、またどの部署《ぶしょ》で働《はたら》いてもらうかなどを決《き》めます。

研究《けんきゅう》・開発部門《かいはつぶもん》

新《あたら》しい商品《しょうひん》を開発《かいはつ》したり、これから役立《やくだ》ちそうな技術《ぎじゅつ》を開発《かいはつ》します。

販売部門《はんばいぶもん》

品物《しなもの》を店《みせ》に並《なら》べて売《う》ります。また、その商品《しょうひん》をどれくらいつくるか（または仕入《しい》れるか）決《き》めます。

いらっしゃいませーっ

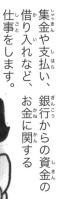

営業部門《えいぎょうぶもん》

会社《かいしゃ》や小売店《こうりてん》を回《まわ》って、会社《かいしゃ》の商品《しょうひん》の説明《せつめい》をしたり、お客《きゃく》さんの管理《かんり》をします。

総務部門《そうむぶもん》

社員《しゃいん》が快適《かいてき》な会社生活《かいしゃせいかつ》を送《おく》れるよう、オフィスの備品《びひん》をそろえたり、組織全体《そしきぜんたい》に関《かん》する事務《じむ》などをおこないます。

ファイル
コピー
ノート

宣伝《せんでん》・広報部門《こうほうぶもん》

会社《かいしゃ》の商品《しょうひん》や仕事内容《しごとないよう》を多《おお》くの人《ひと》たちに知《し》らせます。

ラジオ
新発売《しんはつばい》
テレビ
インターネット
新発売
チラシ

生産部門《せいさんぶもん》

製品《せいひん》をつくる工場《こうじょう》や部署《ぶしょ》です。

お客様相談《きゃくさまそうだん》センター

お客《きゃく》さんの質問《しつもん》に答《こた》えます。

国際部門《こくさいぶもん》

外国《がいこく》を相手《あいて》にしている会社《かいしゃ》では、外国向《がいこくむ》けの営業《えいぎょう》をしたり、問《と》い合《あ》わせに答《こた》えたりします。

など

●派遣社員《はけんしゃいん》

会社《かいしゃ》によっては、一時的《いちじてき》に働《はたら》いてもらう派遣社員《はけんしゃいん》を雇《やと》っている所《ところ》もあります。

●アルバイト・パートタイマー

会社《かいしゃ》によってはアルバイトやパートタイマー（社員《しゃいん》より労働《ろうどう》時間《じかん》が短《みじか》い）を雇《やと》っています。

政治家《せいじか》

人々《ひとびと》が暮《く》らしやすい社会《しゃかい》にするため、国《くに》や地方《ちほう》を代表《だいひょう》して政治《せいじ》をするのが政治家《せいじか》です。
政治家《せいじか》になるには学歴《がくれき》や資格《しかく》は必要《ひつよう》ありません。ただし、一定《いってい》の年齢《ねんれい》以上《いじょう》にならないと立候補《りっこうほ》できません。国会《こっかい》の衆議院《しゅうぎいん》議員《ぎいん》25歳《さい》、参議院《さんぎいん》議員《ぎいん》30歳《さい》、市町村《しちょうそん》の長《ちょう》・議員《ぎいん》は25歳《さい》、都道府県《とどうふけん》の知事《ちじ》は30歳《さい》です。

政治家《せいじか》にもいろいろあります。

- ●国会議員《こっかいぎいん》
- ●県知事《けんちじ》
- ●市長《しちょう》
- ●町長《ちょうちょう》
- ●県議会議員《けんぎかいぎいん》
- ●市議会議員《しぎかいぎいん》

など

選挙活動《せんきょかつどう》

立候補《りっこうほ》したら、街頭演説《がいとうえんぜつ》や選挙《せんきょ》カーに乗《の》って、自分《じぶん》の考《かんが》えをうったえます。

○○党

投票《とうひょう》

当選《とうせん》したら、政治家《せいじか》としての第一歩《だいいっぽ》をふみ出《だ》します。

国会議員《こっかいぎいん》の主《おも》な仕事《しごと》

- ・内閣総理大臣《ないかくそうりだいじん》を選《えら》びます。
- ・国《くに》の予算《よさん》を決《き》めます。
- ・法案《ほうあん》などの審議《しんぎ》を行《おこな》います。

国会議事堂《こっかいぎじどう》

向《む》かって右側《みぎがわ》が参議院《さんぎいん》、左側《ひだりがわ》が衆議院《しゅうぎいん》です。

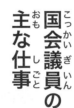

委員会《いいんかい》

法律案《ほうりつあん》は国会《こっかい》に提出《ていしゅつ》される前《まえ》に、少人数《しょうにんずう》の委員会《いいんかい》で話《はな》し合《あ》いが重《かさ》ねられます。半数以上《はんすういじょう》が賛成《さんせい》すると、その法案《ほうあん》は国会《こっかい》に提出《ていしゅつ》されます。

あらかじめ情報《じょうほう》を集《あつ》めたり、現場《げんば》を観察《かんさつ》したりします。

本会議《ほんかいぎ》

本会議《ほんかいぎ》に提出《ていしゅつ》された法律案《ほうりつあん》は、参議院《さんぎいん》、衆議院《しゅうぎいん》の半数以上《はんすういじょう》の賛成《さんせい》で法律《ほうりつ》が成立《せいりつ》します。

人々《ひとびと》との交流《こうりゅう》

国会《こっかい》の報告《ほうこく》をします。

集会《しゅうかい》、懇談会《こんだんかい》を開《ひら》きます。

国民《こくみん》や地域住民《ちいきじゅうみん》の生《なま》の声《こえ》を聞《き》きます。

地域《ちいき》の行事《ぎょうじ》に参加《さんか》します。

テレビやラジオに出《で》ることもあります。

秘書《ひしょ》

政治家《せいじか》の活動《かつどう》を支《ささ》えているのが秘書《ひしょ》です。

政治活動《せいじかつどう》の手伝《てつだ》い

スケジュール管理《かんり》

外交官《こうかん》

世界《せかい》の国々《くにぐに》と、日本《にほん》を代表《だいひょう》して交流《こうりゅう》を深《ふか》め、理解《りかい》し合《あ》うようにするのが仕事《しごと》です。いわば、世界《せかい》と日本《にほん》をつなぐかけ橋《はし》です。

たいへん忙《いそが》しい仕事《しごと》ですが、世界《せかい》を相手《あいて》にするのは、とてもやりがいを感《かん》じます。

外交官《がいこうかん》のいろいろな仕事《しごと》　仕事《しごと》の内容《ないよう》

外務省《がいむしょう》

日本《にほん》にあり、外国《がいこく》に関《かん》する政務《せいむ》を行《おこな》う行政機関《ぎょうせいきかん》です。

大使館《たいしかん》

外国《がいこく》におかれており、その国《くに》に対《たい》して、日本《にほん》を代表《だいひょう》して交渉《こうしょう》などを行《おこな》います。

総領事館《そうりょうじかん》

外国《がいこく》におかれており、その国《くに》に住《す》む日本人《にほんじん》や日本人旅行者《にほんじんりょこうしゃ》の安全《あんぜん》を守《まも》ります。

情報収集《じょうほうしゅうしゅう》

担当《たんとう》している国《くに》の情報《じょうほう》を集《あつ》めて日本《にほん》に報告《ほうこく》します。

外交交渉《がいこうこうしょう》

担当《たんとう》している国《くに》と問題《もんだい》がおこったとき、日本政府《にほんせいふ》を代表《だいひょう》して話《はな》し合《あ》い、解決《かいけつ》します。

支援活動《しえんかつどう》

貧《まず》しい国《くに》や、技術《ぎじゅつ》が遅《おく》れている国《くに》が豊《ゆた》かになるように協力《きょうりょく》します。

文化交流《ぶんかこうりゅう》

外国《がいこく》に日本《にほん》を理解《りかい》してもらったり、逆《ぎゃく》に日本《にほん》にその国《くに》のことを知《し》ってもらうため、文化交流《ぶんかこうりゅう》を行《おこな》います。

通訳《つうやく》

それぞれちがった国《くに》の言葉《ことば》を訳《やく》して、会話《かいわ》が通《つう》じるようにする仕事《しごと》が通訳《つうやく》です。ちょっと大《おお》きくいうと、世界《せかい》の国々《くにぐに》と日本《にほん》をむすぶ仕事《しごと》です。やりがいを感《かん》じます。

通訳《つうやく》になるには、高《たか》い語学力《ごがくりょく》と幅広《はばひろ》い知識《ちしき》が必要《ひつよう》です。また、専門的《せんもんてき》な分野《ぶんや》の通訳《つうやく》をするときは、あらかじめたくさんの資料《しりょう》を読《よ》んで予習《よしゅう》しなければなりません。

通訳《つうやく》には2つの方法《ほうほう》があります。

逐次通訳《ちくじつうやく》

話《はなし》がひと区切《くぎ》りついたところで、まとめて通訳《つうやく》します。

同時通訳《どうじつうやく》

話《はな》している言葉《ことば》を、その都度《つど》ほぼ同時《どうじ》に訳《やく》していきます。

高度《こうど》な語学力《ごがくりょく》と会話力《かいわりょく》を必要《ひつよう》とします。

通訳《つうやく》の仕事《しごと》

会議通訳《かいぎつうやく》

国際化《こくさいか》の流《なが》れで、通訳《つうやく》の活躍《かつやく》の場《ば》はどんどん広《ひろ》がっていっています。

通訳《つうやく》ガイド

通訳《つうやく》の仕事《しごと》に似《に》たもので、日本《にほん》に来《き》た外国人《がいこくじん》を観光地《かんこうち》などに案内《あんない》します。

会議通訳者《かいぎつうやくしゃ》になるには…

①「通訳養成施設《つうやくようせいしせつ》」を卒業《そつぎょう》します。

②そのあと、「通訳派遣会社《つうやくはけんがいしゃ》」に登録《とうろく》します。

通訳《つうやく》ガイドになるには…

①「通訳案内業国家試験《つうやくあんないぎょうこっかしけん》」に合格《ごうかく》します

②そのあとフリーになるか、旅行会社《りょこうがいしゃ》に登録《とうろく》します。

通訳《つうやく》は実力《じつりょく》の世界《せかい》です。それによって、報酬《ほうしゅう》もちがってきます。英語《えいご》の場合《ばあい》、実用英語技能検定《じつようえいごぎのうけんてい》1級以上《きゅういじょう》の学力《がくりょく》は必要《ひつよう》でしょう。

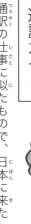

まだまだあるよ！
あんな仕事《しごと》・こんな仕事《しごと》

家電《かでん》メーカー

家電《かでん》の生産《せいさん》においても、世界的《せかいてき》な大手《おおて》メーカーが日本《にほん》には数多《かずおお》くあります。生活《せいかつ》に必要《ひつよう》な新《あたら》しい家具《かぐ》、家電《かでん》をつくるには、流行《りゅうこう》に敏感《びんかん》であることと、ひらめきが大切《たいせつ》です。

自動車整備士《じどうしゃせいびし》

車《くるま》の定期点検《ていきてんけん》を受《う》けつけたり、故障《こしょう》した車《くるま》をあずかり、症状《しょうじょう》を聞《き》いて原因《げんいん》を確《たし》かめ修理《しゅうり》したりします。車《くるま》をより安全《あんぜん》で快適《かいてき》に走《はし》らせるためには、かかせない仕事《しごと》です。

自動車《じどうしゃ》メーカー

日本《にほん》は世界《せかい》でも有数《ゆうすう》の自動車生産国《じどうしゃせいさんこく》です。どんな車《くるま》を作《つく》るかというアイデアを出《だ》したり、車《くるま》ができるまでのスケジュールや車《くるま》の値段《ねだん》を考《かんが》えながら生産《せいさん》します。

家電量販店《かでんりょうはんてん》

家電《かでん》メーカーで作《つく》られた、家電《かでん》を販売《はんばい》する仕事《しごと》です。接客《せっきゃく》が主《おも》な仕事《しごと》になるので、明《あか》るさが大切《たいせつ》です。大量《たいりょう》に仕入《しい》れることで、安《やす》い値段《ねだん》で販売《はんばい》できます。

携帯電話会社《けいたいでんわがいしゃ》

今《いま》や日常生活《にちじょうせいかつ》において携帯電話《けいたいでんわ》は必需品《ひつじゅひん》です。常《つね》により便利《べんり》な通信《つうしん》や機能《きのう》を考《かんが》えています。いろんな会社《かいしゃ》に営業《えいぎょう》に行《い》くこともあるので、協調性《きょうちょうせい》や明《あか》るい性格《せいかく》も必要《ひつよう》です。

自動車《じどうしゃ》ディーラー

自動車《じどうしゃ》ディーラーの仕事《しごと》は、主《おも》に車《くるま》を販売《はんばい》したり、買《か》いに来《き》たお客《きゃく》さんの要望《ようぼう》に合《あ》った車《くるま》を進《すす》めたりします。車《くるま》についてのくわしい知識《ちしき》を必要《ひつよう》とする仕事《しごと》です。

マッサージ師《し》

手《て》や指《ゆび》、専用《せんよう》の器具《きぐ》などを使《つか》って、お客《きゃく》さんのつぼを刺激《しげき》し、血行《けっこう》を良《よ》くしたり、こりをほぐして疲《つか》れをとる仕事《しごと》です。意外《いがい》と体力《たいりょく》が必要《ひつよう》で、根気《こんき》がいる仕事《しごと》です。

ブリーダー

犬《いぬ》や猫《ねこ》など、ペットとして飼《か》われる動物《どうぶつ》を計画的《けいかくてき》に繁殖《はんしょく》させ、売《う》る仕事《しごと》です。動物《どうぶつ》が相手《あいて》の職業《しょくぎょう》で休《やす》みがなく、また命《いのち》をあずかることなので、根気《こんき》がいる仕事《しごと》です。

インテリア
コーディネーター

家具《かぐ》や室内空間《しつないくうかん》などのインテリアをデザイン、提《てい》案《あん》する仕事《しごと》です。家《いえ》に住《す》んだり、オフィスなどで利用《りよう》する人《ひと》が使《つか》いやすいように、あらゆる工夫《くふう》をします。

薬剤師《やくざいし》

病院《びょういん》で出《だ》される処方《しょほう》せんを持《も》ってきたお客《きゃく》さんのために薬《くすり》を調合《ちょうごう》して販売《はんばい》するのが主《おも》な仕事《しごと》です。その他《ほか》にも、日常的《にちじょうてき》に市《し》販《はん》の薬《くすり》を売《う》ったりもしています。

公認会計士《こうにんかいけいし》

個人《こじん》や企業《きぎょう》の収入《しゅうにゅう》や支出《ししゅつ》を決《き》められた計算方式《けいさんほうしき》で計算《けいさん》し、記録《きろく》する仕事《しごと》です。間違《まちが》いが許《ゆる》されない仕事《しごと》なので正確《せいかく》さが必要《ひつよう》です。

税理士《ぜいりし》

税金《ぜいきん》に関係《かんけい》する手続《てつづ》きをする専門家《せんもんか》です。税金《ぜいきん》に関《かん》する法律《ほうりつ》は、たびたび変《か》わるので、常《つね》に勉強《べんきょう》していなければ、いけません。

臨床心理士《りんしょうしんりし》

いろんな人《ひと》の心《こころ》の問題《もんだい》を解決《かいけつ》する専門家《せんもんか》です。精神科医《せいしんかい》とは違《ちが》い、薬《くすり》を処方《しょほう》したり、病気《びょうき》の診断《しんだん》をすることはできません。

歯科医《しかい》

虫歯《むしば》の治療《ちりょう》や予防《よぼう》など、歯《は》の治療《ちりょう》を主《しゅ》としておこなう医師《いし》です。治療《ちりょう》に来《き》たお客《きゃく》さんを安心《あんしん》させるのも大切《たいせつ》な仕事《しごと》のひとつです。

盲導犬訓練士《もうどうけんくんれんし》

目《め》が不自由《ふじゆう》な人《ひと》を助《たす》ける盲導犬《もうどうけん》を訓練《くんれん》し、立派《りっぱ》な盲導犬《もうどうけん》に育《そだ》て上《あ》げる仕事《しごと》です。動物《どうぶつ》を愛《あい》する優《やさ》しい心《こころ》と根気《こんき》が必要《ひつよう》です。

科学者《かがくしゃ》

社会《しゃかい》の発展《はってん》に役立《やくだ》つ研究《けんきゅう》をします。科学者《かがくしゃ》といっても、たくさんの種類《しゅるい》がありますが、主《おも》に自然科《しぜんか》学《がく》を研究《けんきゅう》している人《ひと》が多《おお》く、探究心《たんきゅうしん》と幅広《はばひろ》い知識《ちしき》が必要《ひつよう》です。

現像技師《げんぞうぎし》

カメラマンなどの指示《しじ》にしたがって、フィルムの現像《げんぞう》をする仕事《しごと》です。アナログのカメラに関《かん》しての幅広《はばひろ》い知識《ちしき》が必要《ひつよう》です。

ジャーナリスト

世界中《せかいじゅう》で起《お》こっているたくさんの事件《じけん》を調《しら》べて取材《しゅざい》し、新聞《しんぶん》や雑誌《ざっし》、テレビなどを通《つう》じて、さまざまな人《ひと》に広《ひろ》く伝《つた》える仕事《しごと》です。

NPO職員《えぬぴーおーしょくいん》

NPO《えぬぴーおー》とは、自分達《じぶんたち》の利益《りえき》が目的《もくてき》ではなく、世《よ》の中《なか》の人達《ひとたち》の為《ため》に動《うご》く、非営《ひえい》利団体《りだんたい》のことです。人《ひと》を思《おも》いやる優《やさ》しい気持《きも》ちが必要《ひつよう》です。

潜水士《せんすいし》

水中《すいちゅう》での作業《さぎょう》の専門家《せんもんか》で、器具《きぐ》をつけて水中《すいちゅう》にもぐって仕事《しごと》します。ときには、沈没船《ちんぼつせん》を引《ひ》き上《あ》げたり、水中《すいちゅう》でのテレビ撮影《さつえい》などで活躍《かつやく》します。

為替《かわせ》ディーラー

日々変動《ひびへんどう》する、アメリカドルやユーロなどの外貨《がいか》(外国《がいこく》の通貨《つうか》)を日本《にほん》円《えん》に替《か》えたりして差益《さえき》を得《え》ます。基本的《きほんてき》に金《きん》融機関《ゆうきかん》に就職《しゅうしょく》します。

ＩＴ関連《あいてぃーかんれん》

コンピューターやインターネットを駆使《くし》した情報《じょうほう》技術《ぎじゅつ》です。とてもはやく進化《しんか》し続《つづ》け、世界的《せかいてき》にもあらゆるビジネスに影響《えいきょう》を与《あた》えます。

広告代理店《こうこくだいりてん》

雑誌《ざっし》やテレビなどの広告《こうこく》枠《わく》を広告主《こうこくぬし》(クライアント)に売《う》る仲立《なかだ》てをしたり、広告《こうこく》を制作《せいさく》する仕事《しごと》です。信頼関係《しんらいかんけい》が大切《たいせつ》な仕事《しごと》です。

起業家《きぎょうか》

事業《じぎょう》を自分《じぶん》で起《おこ》して経営《けいえい》する人《ひと》のことを言《い》います。起業家《きぎょうか》はさまざまなことに敏感《びんかん》で行動力《こうどうりょく》があることと、経営者《けいえいしゃ》としての統率力《とうそつりょく》が必要《ひつよう》です。

保険会社《ほけんがいしゃ》

生命保険《せいめいほけん》などのさまざまな保険《ほけん》のプランをお客《きゃく》さんに提案《ていあん》して売《う》る仕事《しごと》です。接客《せっきゃく》が主《おも》な仕事《しごと》となります。保険《ほけん》の知識《ちしき》と明《あか》るい性格《せいかく》が必要《ひつよう》です。

映画翻訳家《えいがほんやくか》

映画《えいが》のセリフを日本語《にほんご》に訳《やく》して、字幕《じまく》をつくります。外国語《がいこくご》の語学《ごがく》力《りょく》はもちろん、日本語《にほんご》の語学力《ごがくりょく》や文章表現力《ぶんしょうひょうげんりょく》も必要《ひつよう》とします。

証券会社《しょうけんがいしゃ》

有価証券《ゆうかしょうけん》(財産権《ざいさんけん》を表章《ひょうしょう》する証券《しょうけん》)の売買《ばいばい》や売買《ばいばい》の仲介《ちゅうかい》などを行《おこな》う会社《かいしゃ》です。お金《かね》を扱《あつか》う仕事《しごと》なので、信頼関係《しんらいかんけい》が大切《たいせつ》です。

声楽家《せいがくか》

オペラや合唱団《がっしょうだん》に所属《しょぞく》し、歌《うた》を歌《うた》います。個人《こじん》で活躍《かつやく》する人《ひと》はとても少《すく》なく、成功《せいこう》するのもきびしい道《みち》といえます。他《ほか》の仕事《しごと》とのかけもちも多《おお》いです。

図書館員《としょかんいん》

図書館《としょかん》の本《ほん》を整理《せいり》、管理《かんり》して、利用者《りようしゃ》がスムーズに活用《かつよう》できるようにお手伝《てつだ》いするのが主《おも》な仕事《しごと》です。本《ほん》が好《す》きだとよいでしょう。

書店員《しょてんいん》

出版社《しゅっぱんしゃ》や取次店《とりつぎてん》(問屋《とんや》)から、本《ほん》を仕入《しい》れて、お店《みせ》に並《なら》べ、お客《きゃく》さんに売《う》る仕事《しごと》です。本選《ほんえら》びの相談《そうだん》にも乗《の》るので、知識《ちしき》が必要《ひつよう》です。

俳人《はいじん》

俳句《はいく》を詠《よ》むことを仕事《しごと》としている人《ひと》のことを言《い》います。俳句《はいく》の大会《たいかい》での優勝《ゆうしょう》や専門《せんもん》の雑誌《ざっし》で紹介《しょうかい》されたりして、評価《ひょうか》を得《え》ています。

大道芸人《だいどうげいにん》

路上《ろじょう》や公園《こうえん》などで、芸《げい》を見《み》せて、歩《ある》いている人《ひと》や見《み》る人《ひと》を楽《たの》しませる仕事《しごと》です。基本的《きほんてき》に個人《こじん》の仕事《しごと》で、実力《じつりょく》しだいで成功《せいこう》します。

とび職《しょく》

建設現場《けんせつげんば》で、高《たか》いところで作業《さぎょう》をする職人《しょくにん》のことを言《い》います。危険《きけん》をともないますが、自分《じぶん》にしかできないやりがいのある仕事《しごと》です。

仲居《なかい》

旅館《りょかん》などの宿泊施設《しゅくはくしせつ》でお客《きゃく》さんの世話《せわ》をする女性《じょせい》のことをいいます。オンシーズンではとても忙《いそが》しくなるので、根気《こんき》が必要《ひつよう》です。

清掃員《せいそういん》

ビルや路上《ろじょう》などを清掃《せいそう》するのが主《おも》な仕事《しごと》です。清掃《せいそう》サービス会社《がいしゃ》やビルの管理会社《かんりがいしゃ》に所属《しょぞく》していることが多《おお》いようです。

庭師《にわし》(造園業《ぞうえんぎょう》)

和風《わふう》の庭《にわ》、洋風《ようふう》の庭《にわ》などと庭《にわ》にはいろいろな種類《しゅるい》があります。その庭《にわ》を作《つく》るのが庭師《にわし》の仕事《しごと》です。あらゆるセンスが必要《ひつよう》とされます。

ソムリエ

ワインの専門家《せんもんか》として品《ひん》質《しつ》をみる仕事《しごと》です。レストランなどに勤務《きんむ》することが多《おお》いようです。ワインに関《かん》する幅広《はばひろ》い知識《ちしき》が必要《ひつよう》です。

バーテンダー

バーなどでカウンターに立《た》ち、お客《きゃく》さんにカクテルを作《つく》るのが、主《おも》な仕事《しごと》です。世界《せかい》のお酒《さけ》の種類《しゅるい》など、お酒《さけ》に関《かん》する知識《ちしき》が必要《ひつよう》です。

探偵《たんてい》

お客《きゃく》さんから依頼《らい》を受《う》け、さまざまな調査《ちょうさ》をするのが仕事《しごと》です。プライバシーを守《まも》る仕事《しごと》が多《おお》いため、繊細《せんさい》さが必要《ひつよう》です。

マジシャン

現実《げんじつ》には起《お》こらないような不思議《ふしぎ》な世界《せかい》をつくり出《だ》し、お客《きゃく》さんを楽《たの》しませる仕事《しごと》です。成功《せいこう》すれば、世界《せかい》を相手《あいて》にできる仕事《しごと》です。

花火師《はなびし》

お祭《まつ》りなどで上《あ》がる打《う》ち上《あ》げ花火《はなび》などをつくり、打《う》ち上《あ》げるのが仕事《しごと》です。危険《きけん》な仕事《しごと》なので、常《つね》に緊張感《きんちょうかん》が必要《ひつよう》とされます。

スタントマン

崖《がけ》や海《うみ》などの危険《きけん》な場《ば》所《しょ》での撮影《さつえい》を、役者《やくしゃ》に変《か》わって演技《えんぎ》するのが主《おも》な仕事《しごと》です。スタントマンは、優《すぐ》れた身体《しんたい》能力《のうりょく》が必要《ひつよう》です。

いのちの電話相談員《でんわそうだんいん》

自殺《じさつ》を考《かんが》えている人《ひと》や、家族《かぞく》またはその遺《い》族《ぞく》などからの電話《でんわ》を24時間体制《じかんたいせい》で受《う》けつける仕事《しごと》です。相談員《そうだんいん》は全《すべ》てボランティアです。

葬儀社《そうぎしゃ》

葬儀《そうぎ》(葬式《そうしき》)のさまざまな段取《だんど》りを仕切《しき》る仕事《しごと》です。霊《れい》きゅう車《しゃ》の手配《てはい》や、お坊《ぼう》さんの紹介《しょうかい》、お墓《はか》の手配《てはい》などと仕事《しごと》はさまざまです。

こどもが主役《しゅやく》のこどもの街《まち》 **キッザニア**

キッザニアは、東京都《とうきょうと》・豊洲《とよす》と兵庫県《ひょうごけん》・西宮市甲《にしのみやしこう》子園《しえん》(2009年《ねん》3月《がつ》オープン予定《よてい》)にある、こどもたちが好《す》きな仕事《しごと》にチャレンジし、楽《たの》しみながら社会《しゃかい》のしくみを学《まな》ぶことができるエデュテインメントタウンです。
医師《いし》や消防士《しょうぼうし》、パイロット、新聞記者《しんぶんきしゃ》……あこがれの職業《しょくぎょう》を、大人《おとな》と同《おな》じようにリアルに体験《たいけん》でき、働《はたら》くよろこびと大変《たいへん》さ、ありがたさ、さらに協力《きょうりょく》して仕事《しごと》をおこなうことの大《たい》切さなどを実感《じっかん》することができます。
もちろん、専門《せんもん》のスーパーバイザーが先輩《せんぱい》としてお仕事《しごと》のサポートをしてくれるから安心《あんしん》です。
また、キッザニアで仕事《しごと》の体験《たいけん》をすると、専用《せんよう》の通貨《つうか》「キッゾ」でお給料《きゅうりょう》がもらえます。このキッゾを使《つか》っていろいろなサービスを受《う》けることもできれば、キッゾを銀行《ぎんこう》に預《あず》けることもできます。まさにリアルな社会体験《しゃかいたいけん》そのものです。

インフォメーションセンター
電話《でんわ》　0570-06-4646(キッザニア東京《とうきょう》)
電話《でんわ》　0570-06-4343(キッザニア甲子園《こうしえん》)
※キッザニア甲子園《こうしえん》は2009年《ねん》3月《がつ》オープン予定《よてい》
ホームページ　http://www.kidzania.jp

協力《きょうりょく》…キッザニア東京《とうきょう》／株式会社《かぶしきがいしゃ》キッズシティージャパン

大人《おとな》になったらなりたい仕事《しごと》 男《おとこ》の子《こ》編《へん》 （アンケートによるベスト3）

みんなが夢《ゆめ》見《み》るしごとって何《なに》？こどもが将来《しょうらい》つきたいという職業《しょくぎょう》は、十数年《じゅうすうねん》のうちにこんなに変《か》わってきています。男《おとこ》の子《こ》、女《おんな》の子《こ》それぞれのベスト3を年別《ねんべつ》に見《み》てみましょう。

※この表は、第一生命《だいいちせいめい》が行ったこども向《む》けのミニ作文《さくぶん》コンクールのアンケートをもとに作《つく》られたランキングです。

http://event.dai-ichi-life.co.jp/tips/mini saku/otona.html

2004年《ねん》

1  野球選手《やきゅうせんしゅ》

2  サッカー選手《せんしゅ》

3  学者《がくしゃ》・博士《はかせ》

2003年《ねん》

1  サッカー選手《せんしゅ》

2  野球選手《やきゅうせんしゅ》

3  食《た》べ物《もの》屋《や》さん

1998年《ねん》

1  大工《だいく》さん

2  学者《がくしゃ》・博士《はかせ》

3  食《た》べ物《もの》屋《や》さん

1993年《ねん》

1  サッカー選手《せんしゅ》

2  学者《がくしゃ》・博士《はかせ》

3  食《た》べ物《もの》屋《や》さん

2007年《ねん》

1  野球選手《やきゅうせんしゅ》

2  学者《がくしゃ》・博士《はかせ》

3  サッカー選手《せんしゅ》

2006年《ねん》

1  野球選手《やきゅうせんしゅ》

2  サッカー選手《せんしゅ》

3  学者《がくしゃ》・博士《はかせ》

2005年《ねん》

1  野球選手《やきゅうせんしゅ》

2  サッカー選手《せんしゅ》

3  学者《がくしゃ》・博士《はかせ》

大人《おとな》になったらなりたい仕事《しごと》 女《おんな》の子《こ》編《へん》 （アンケートによるベスト3）

2004年《ねん》

1  食《た》べ物《もの》屋《や》さん

2  保《ほ》育《いく》園《えん》、幼《よう》稚《ち》園《えん》の先《せん》生《せい》

3  看《かん》護《ご》師《し》さん

2003年《ねん》

1  食《た》べ物《もの》屋《や》さん

2  保《ほ》育《いく》園《えん》、幼《よう》稚《ち》園《えん》の先《せん》生《せい》

3  看《かん》護《ご》師《し》さん

2007年《ねん》

1  食《た》べ物《もの》屋《や》さん

2  看《かん》護《ご》師《し》さん

3  保《ほ》育《いく》園《えん》、幼《よう》稚《ち》園《えん》の先《せん》生《せい》

1998年《ねん》

1  食《た》べ物《もの》屋《や》さん

2  看《かん》護《ご》師《し》さん

3  獣《じゅう》医《い》、飼《し》育《いく》係《がかり》

2006年《ねん》

1  食《た》べ物《もの》屋《や》さん

2  保《ほ》育《いく》園《えん》、幼《よう》稚《ち》園《えん》の先《せん》生《せい》

3  看《かん》護《ご》師《し》さん

1993年《ねん》

1  食《た》べ物《もの》屋《や》さん

2  看《かん》護《ご》師《し》さん

3  花《はな》屋《や》さん

2005年《ねん》

1  食《た》べ物《もの》屋《や》さん

2  保《ほ》育《いく》園《えん》、幼《よう》稚《ち》園《えん》の先《せん》生《せい》

3  看《かん》護《ご》師《し》さん、学《がっ》校《こう》の先《せん》生《せい》、花《はな》屋《や》さん

この職業《しょくぎょう》につくには？

●医師《いし》

医科《いか》大学《だいがく》や大学《だいがく》の医学部《いがくぶ》（6年間《ねんかん》）を修了《しゅうりょう》して、医師《いし》国家試験《こっかしけん》を受験《じゅけん》し、医師免許《いしめんきょ》を取得《しゅとく》したあとに、2年以上《ねんいじょう》臨床研修医《りんしょうけんしゅうい》として働《はたら》くことが義務《ぎむ》づけられている。

●宇宙飛行士《うちゅうひこうし》

自然科学系大学《しぜんかがくけいだいがく》を卒業《そつぎょう》し、研究《けんきゅう》や設計《せっけい》、開発《かいはつ》の仕事《しごと》を3年以上経験《ねんいじょうけいけん》することが条件《じょうけん》となっている。基本的《きほんてき》に海外《かいがい》の宇宙船《うちゅうせん》に乗《の》ることになるので、語学力《ごがくりょく》は必須《ひっす》となる。

●運転士《うんてんし》

鉄道会社《てつどうがいしゃ》に就職《しゅうしょく》し、駅員《えきいん》や車掌《しゃしょう》を経験後《けいけんご》、社内《しゃない》の適性検査《てきせいけんさ》を受《う》け、運転士候補生《うんてんしこうほせい》になる。大手鉄道会社《おおててつどうがいしゃ》の場合《ばあい》は、研修《けんしゅう》施設《しせつ》を持《も》っていて、研修終了《けんしゅうしゅうりょう》後《ご》、国家試験《こっかしけん》に合格《ごうかく》し、免許《めんきょ》を取得《しゅとく》する。

●栄養士《えいようし》

栄養士《えいようし》は法律《ほうりつ》にもとづいた資格《しかく》で、大学《だいがく》の家政学科《かせいがっか》、生活科学科《せいかつかがっか》や栄養専門学校《えいようせんもんがっこう》など、栄養士養成所施設《えいようしようせいじょしせつ》を卒業《そつぎょう》すると取得《しゅとく》することができる。

●外交官《がいこうかん》

国家公務員《こっかこうむいん》1種試験《しゅしけん》か、外務省《がいむしょう》が独自《どくじ》に行《おこな》う外務専門職員試験《がいむせんもんしょくいんしけん》に合格《ごうかく》する必要《ひつよう》がある。

●看護師《かんごし》

看護師学校《かんごしがっこう》、専門学校《せんもんがっこう》、短期大学《たんきだいがく》、大学《だいがく》など、看護師養成機関《かんごしようせいきかん》で学《まな》び、看護師国家試験《かんごしこっかしけん》に合格《ごうかく》する。

●気象予報士《きしょうよほうし》

国家試験《こっかしけん》の気象予報士試験《きしょうよほうししけん》に合格《ごうかく》し、気象庁《きしょうちょう》に合格《ごうかく》することが必要《ひつよう》。受験資格《じゅけんしかく》などはないが、大気構造《たいきこうぞう》や熱力学《ねつりきがく》、気象現象《きしょうげんしょう》などについての深《ふか》い理解《りかい》が求《もと》められる。

●救急救命士《きゅうきゅうきゅうめいし》

全国《ぜんこく》にある救急救命士養成所《きゅうきゅうきゅうめいしようせいじょ》で2～3年学《ねんまな》び、国家試験《こっかしけん》に合格《ごうかく》して、資格《しかく》を取得《しゅとく》する。または、大学《だいがく》の公衆衛生学《こうしゅうえいせいがく》、解剖学《かいぼうがく》、病理学《びょうりがく》などの科目《かもく》を修《おさ》めたうえで、救急隊員《きゅうきゅうたいいん》として1年以上経験《ねんいじょうけいけん》を積《つ》めば、資格試験《しかくしけん》を受《う》けることができる。

●警察官《けいさつかん》

一般的《いっぱんてき》に募集《ぼしゅう》は大学卒業過程《だいがくそつぎょうかてい》を対象《たいしょう》とする1類《るい》、短大卒業程度《たんだいそつぎょうていど》の2類《るい》、高校卒業程度《こうこうそつぎょうていど》の3類《るい》に分《わ》けて行《おこな》われる。

試験《しけん》に合格《ごうかく》して採用《さいよう》が決《き》まると、まずは各都道府県《かくとどうふけん》にある全寮制《ぜんりょうせい》の警察学校《けいさつがっこう》に入学《にゅうがく》することになる。男子《だんし》は高卒《こうそつ》、短大卒《たんだいそつ》が10か月《げつ》、大卒《だいそつ》が6か月《げつ》、女子《じょし》は全《すべ》て6か月《げつ》。有給《ゆうきゅう》で、この間《あいだ》に法律《ほうりつ》をはじめ、警察官《けいさつかん》に必要《ひつよう》な基本事項《きほんじこう》を学《まな》ぶ。ここで、拳銃《けんじゅう》の扱《あつか》い方《かた》も教《おそ》わる。

後半《こうはん》には、研修《けんしゅう》として、実際《じっさい》に交番《こうばん》にたつ。卒業《そつぎょう》すると最初《さいしょ》の職場《しょくば》はほとんどの場合《ばあい》、交番勤務《こうばんきんむ》となる。

階級《かいきゅう》は、巡査《じゅんさ》を皮切《かわき》りに、巡査長《じゅんさちょう》、巡査部長《じゅんさぶちょう》、警部補《けいぶほ》、警部《けいぶ》、警部正《けいぶせい》、警視長《けいしちょう》、警視監《けいしかん》、警視総監《けいしそうかん》（東京《とうきょう》の場合《ばあい》）となっている。

●建築士《けんちくし》

現在日本《げんざいにほん》では、建築士《けんちくし》という職業《しょくぎょう》が明確《めいかく》に認識《にんしき》されていないので、1級建築士《きゅうけんちくし》の資格《しかく》を持《も》っていれば、建築士《けんちくし》と名《な》乗《の》ることができる。建築士《けんちくし》には、物事《ものごと》を統合的《とうごうてき》に見《み》ることのできるバランスの良《よ》さが求《もと》められる。

●裁判官《さいばんかん》

法曹資格《ほうそうしかく》を取得後《しゅとくご》、判事補《はんじほ》として10年間実務《ねんかんじつむ》を積《つ》んだ後《あと》に裁判官《さいばんかん》（判事《はんじ》）に任命《にんめい》される。裁判官《さいばんかん》には厳正中立《げんせいちゅうりつ》な法《ほう》の番人《ばんにん》であることが求《もと》められており、重《おも》い使命《しめい》が課《か》せられている。

今後《こんご》は裁判《さいばん》の迅速化《じんそくか》、専門化《せんもんか》に対応《たいおう》するため、特《とく》に繁忙《はんぼう》な都市部《としぶ》の裁判所《さいばんしょ》を中心《ちゅうしん》に増強《ぞうきょう》が求《もと》められている。

※裁判員制度《さいばんいんせいど》

一定《いってい》の刑事裁判《けいじさいばん》において、国民《こくみん》から事件《じけん》ごとに選《えら》ばれた裁判員《さいばんいん》が裁判官《さいばんかん》とともに審理《しんり》に参加《さんか》する日本《にほん》の司法《しほう》・裁判《さいばん》制度《せいど》のこと。

裁判員《さいばんいん》の参加《さんか》する刑事裁判《けいじさいばん》に関《かん》する法律《ほうりつ》により規定《きてい》され、一部《いちぶ》の規定《きてい》を除《のぞ》いて2009年《ねん》5月《がつ》に施行《せこう》され、同年《どうねん》7月下旬以降《がつげじゅんいこう》に実際《じっさい》に裁判員《さいばんいん》が加《くわ》わる裁判《さいばん》が開始《かいし》される。

●車掌《しゃしょう》

鉄道会社《てつどうがいしゃ》に就職《しゅうしょく》し、一定期間《いっていきかん》駅員《えきいん》として勤務《きんむ》すると車掌登用資格《しゃしょうとうようしかく》が与《あた》えられる。社内試験《しゃないしけん》に合格《ごうかく》すると正式《せいしき》に車掌《しゃしょう》として認《みと》められる。

●獣医師《じゅういし》

大学《だいがく》で6年間《ねんかん》の獣医学《じゅういがく》の過程《かてい》を勉強《べんきょう》し、卒業《そつぎょう》したうえで、獣医師国家試験《じゅういしこっかしけん》に合格《ごうかく》し、農林水産省《のうりんすいさんしょう》に免許申請手続《めんきょしんせいてつづ》きを行《おこな》い、獣医師名簿《じゅういしめいぼ》に登録《とうろく》され、獣医師免許《じゅういしめんきょ》を得《え》る。

●小学校教諭《しょうがっこうきょうゆ》

小学校教諭養成過程《しょうがっこうきょうゆようせいかてい》のある大学《だいがく》などで、小学校《しょうがっこう》で教《おし》える9科目《かもく》すべてにわたる教科専門科目《きょうかせんもんかもく》と、教育学《きょういくがく》と心理学《しんりがく》に基《もと》づいた教職専門科目《きょうしょくせんもんかもく》から構成《こうせい》される単位《たんい》を修《おさ》め、小学校教諭免許《しょうがっこうきょうゆめんきょ》を取得《しゅとく》する。

●消防官《しょうぼうかん》

消防官《しょうぼうかん》の採用《さいよう》は、各自治体《かくじちたい》ごとに行《おこな》われる。東京消防庁《とうきょうしょうぼうちょう》の例《れい》でいうと、募集《ぼしゅう》は、大学《だいがく》卒業程度《そつぎょうていど》を対象《たいしょう》とした1類《るい》、短大卒業程度《たんだいそつぎょうていど》の2類《るい》、高校卒《こうこうそつ》業程度《ぎょうていど》の3類《るい》、さらに法律《ほうりつ》や建築《けんちく》、電気《でんき》、化学《かがく》などの専門《せんもん》知識《ちしき》のある人《ひと》を対象《たいしょう》にした専《せん》門系《もんけい》、という4つに分《わ》けて行《おこな》われている。

採用試験《さいようしけん》に合格《ごうかく》すると、全員《ぜんいん》が消防学校《しょうぼうがっこう》に入学《にゅうがく》する。期間《きかん》は、3類《るい》と専門系《せんもんけい》が9か月《げつ》、2類《るい》と1類《るい》は1年《ねん》で有給《ゆうきゅう》。ここで消防《しょうぼう》の基礎知識《きそちしき》、技術《ぎじゅつ》、体力《たいりょく》などを身《み》につけるとともに、消防活動《しょうぼうかつどう》を行《おこな》ううえで必要《ひつよう》な国家資格《こっかしかく》を取得《しゅとく》する。

●神職《しんしょく》（神主《かんぬし》）

国学院大学《こくがくいんだいがく》か皇学館大学《こうがくかんだいがく》の神職過程《しんしょくかてい》で学《まな》び、神職《しんしょく》の資格《しかく》を得《え》て、神社《じんじゃ》に就職《しゅうしょく》する。神社付属《じんじゃふぞく》の神職養成所《しんしょくようせいじょ》などで神《しん》職《しょく》の資格《しかく》を得《え》る方法《ほうほう》もある。

●船員《せんいん》

航海士《こうかいし》

海技従事者国家試験《かいぎじゅうじしゃこっかしけん》に合格《ごうかく》し、海技《かいぎ》（航海《こうかい》）士《し》の免許《めんきょ》を取得《しゅとく》する。

機関士《きかんし》

海技従事者国家試験《かいぎじゅうじしゃこっかしけん》に合格《ごうかく》し、海技《かいぎ》（航海《こうかい》）士《し》の免許《めんきょ》を取得《しゅとく》する。

●僧侶《そうりょ》（お坊《ぼう》さん）

得度《とくど》という仏門《ぶつもん》に入《はい》るための儀式《ぎしき》を行《おこな》い、本山《ほんざん》の研修所《けんしゅうじょ》などに入門《にゅうもん》して各宗派《かくしゅうは》の教《おし》えや歴史《れきし》などを勉強《べんきょう》し修行《しゅぎょう》を積《つ》んでいく。（2～3年《ねん》）または、仏教系《ぶっきょうけい》の大学《だいがく》に入学《にゅうがく》し、授業《じゅぎょう》の中《なか》で勉強《べんきょう》し、卒業《そつぎょう》後《ご》僧侶《そうりょ》としての位《くらい》を得《え》て寺《てら》に入《はい》る。

●大工《だいく》

大工《だいく》になるには、建築会社《けんちくかいしゃ》や工務店《こうむてん》に就職《しゅうしょく》するか、親方《おやかた》とよばれる大工《だいく》の棟梁《とうりょう》に弟子《でし》入《い》りするのが一般的《いっぱんてき》で、一人《いちにん》前《まえ》になるには国家資格《こっかしかく》の建築《けんちく》大工技能士《だいくぎのうし》の取得《しゅとく》が必要《ひつよう》。

●宅配便《たくはいびん》ドライバー

基本的《きほんてき》に、普通自動車第《ふつうじどうしゃだい》1種免許《しゅめんきょ》が必要《ひつよう》。就職先《しゅうしょくさき》によっては、普通自動車第《ふつうじどうしゃだい》1種免許《しゅめんきょ》取得後《しゅとくご》、1年《ねん》の運転経験《うんてんけいけん》が必《ひつ》要《よう》とされる場合《ばあい》もある。

●ツアーコンダクター

基本的《きほんてき》に国内旅行《こくないりょこう》の添乗《てんじょう》の場合《ばあい》、特《とく》に資格《しかく》は必要《ひつよう》ないが、海外添乗《かいがいてんじょう》の場合《ばあい》、一般旅《いっぱんりょ》程管理主任者《ていかんりしゅにんしゃ》の資格《しかく》がなくてはならない。

●トリマー

いくつかの民間団体《みんかんだんたい》が認定《にんてい》試験《しけん》を行《おこな》っているが、就職先《しゅうしょくさき》での資格《しかく》の有無《うむ》が問《と》われることは、ほとんどない。

●パイロット

大学《だいがく》を卒業後《そつぎょうご》、航空会社《こうくうがいしゃ》が行《おこな》うパイロットの採用試験《さいようしけん》に合格《ごうかく》し、社内《しゃない》で養成《ようせい》されるという方法《ほうほう》と、航空大学《こうくうだいがく》に入学《にゅうがく》し、２年間《ねんかん》の訓練《くんれん》を受《う》けたあとに、航空会社《こうくうがいしゃ》に入社《にゅうしゃ》する方法《ほうほう》がある。

●バス運転手《うんてんしゅ》

鉄道会社《てつどうがいしゃ》やバス会社《がいしゃ》などに運転手《うんてんしゅ》として就職《しゅうしょく》する。基本的《きほんてき》に、大型自動車《おおがたじどうしゃ》２種免許《しゅめんきょ》の有無《うむ》を条件《じょうけん》にしている会社《かいしゃ》が多《おお》い。

●美容師《びようし》

美容師専門学校《びようしせんもんがっこう》（２年間《ねんかん》、通信制《つうしんせい》の場合《ばあい》は３年間《ねんかん》）卒《そつ》業後《ぎょうご》、理容師美容師研修《りようしびようしけんしゅう》センターが行《おこな》う、国家試験《こっかしけん》を受験《じゅけん》し、合格《ごうかく》すると免許証《めんきょしょう》がもらえる。

●福祉《ふくし》に関《かん》する資格《しかく》

福祉《ふくし》に関《かん》する就職先《しゅうしょくさき》で持《も》てないといけないという資格《しかく》は、今《いま》のところないが、福祉《ふくし》に関《かん》する資格《しかく》を持《も》っておくと有利《ゆうり》とされる場合《ばあい》が多《おお》い。

※福祉《ふくし》に関《かん》する資格《しかく》の種類《しゅるい》と取得《しゅとく》の仕方《しかた》

●社会福祉士《しゃかいふくしし》

福祉系《ふくしけい》の大学《だいがく》で指定科目《していかもく》を修《おさ》めるか、一般大学卒業後《いっぱんだいがくそつぎょうご》もしくは福祉《ふくし》に関《かん》する相談援助《そうだんえんじょ》の実務経験《じつむけいけん》４年以上《ねんいじょう》などを入学《にゅうがく》資格《しかく》とする厚生労働大臣指《こうせいろうどうだいじんし》定《てい》の養成施設《ようせいしせつ》を卒業《そつぎょう》して、国家《こっか》試験《しけん》を合格《ごうかく》する。

●介護福祉士《かいごふくしし》

厚生労働大臣《こうせいろうどうだいじん》の指定《してい》する介護《かいご》福祉養成施設《ふくしようせいしせつ》（専門学校《せんもんがっこう》など）を卒業《そつぎょう》することか、介護《かいご》の実務経験《じつむけいけん》３年以上《ねんいじょう》を受験《じゅけん》資格《しかく》とする国家試験《こっかしけん》に合格《ごうかく》する。

●精神保険福祉士《せいしんほけんふくしし》

福祉系《ふくしけい》の大学《だいがく》で指定科目《していかもく》を修《おさ》めるか、一般大学卒業後《いっぱんだいがくそつぎょうご》もしくは精神保険福祉《せいしんほけんふくし》に関《かん》する相談援助《そうだんえんじょ》の実務経験《じつむけいけん》４年以上《ねんいじょう》などを入学資格《にゅうがくしかく》とする厚生労《こうせいろう》働大臣指定《どうだいじんしてい》の養成施設《ようせいしせつ》を卒業《そつぎょう》して、国家試験《こっかしけん》を合格《ごうかく》する。

●作業療法士《さぎょうりょうほうし》

高校卒業後《こうこうそつぎょうご》、作業療法士養《さぎょうりょうほうしよう》成《せい》校《こう》において３年以上専門知《ねんいじょうせんもんち》識《しき》や技能《ぎのう》を勉強《べんきょう》したのち、国《こっ》家試験《かしけん》に合格《ごうかく》する。

●言語聴覚士《げんごちょうかくし》

大学《だいがく》、短大《たんだい》、厚生労働大臣《こうせいろうどうだいじん》指定《してい》の言語聴覚士養成所《げんごちょうかくしようせいじょ》などで、言語聴覚士《げんごちょうかくし》として必要《ひつよう》な知識《ちしき》や技能《ぎのう》を勉強《べんきょう》し、国家試《こっかし》験《けん》に合格《ごうかく》し、厚生労働大臣《こうせいろうどうだいじん》の免許《めんきょ》を受《う》ける。

●義肢装具士《ぎしそうぐし》

厚生労働大臣《こうせいろうどうだいじん》が指定《してい》した義《ぎ》肢《し》装具士養成所《そうぐしようせいじょ》で３年以上《ねんいじょう》、義肢装具士《ぎしそうぐし》として必要《ひつよう》な知識《ちしき》と技能《ぎのう》を勉強《べんきょう》し、義肢装具士《ぎしそうぐし》国家試験《こっかしけん》に合格《ごうかく》する。

などがあります。

●弁護士《べんごし》

法曹資格《ほうそうしかく》を取得後《しゅとくご》、弁護士《べんごし》として仕事《しごと》を行《おこな》う地域《ちいき》の弁護《べんご》士会《しかい》に入会《にゅうかい》し、日本弁護士連《にほんべんごしれん》合会《ごうかい》に登録《とうろく》すれば、業務《ぎょうむ》を行《おこな》うことができる。はじめは、ベテラン弁護士《べんごし》の法律事務所《ほうりつじむしょ》に所属《しょぞく》し、勉強《べんきょう》を重《かさ》ね、資金《しきん》を貯《た》めた後《あと》に独立《どくりつ》するのが一《いっ》般的《ぱんてき》。

●保育士《ほいくし》

厚生労働大臣《こうせいろうどうだいじん》の指定《してい》する、保《ほ》育士《いくし》を養成《ようせい》する学校《がっこう》、施設《しせつ》で一定《いってい》の科目《かもく》を修得《しゅうとく》し卒業《そつぎょう》するか、都道府県知事《とどうふけんちじ》が行《おこな》う保《ほ》育士試験《いくししけん》に合格《ごうかく》することが必《ひつ》要《よう》。

よだひできのブログ
「よだひできの農天記《のうてんき》」
（農業天国日記）

アドレスはこちら
http://yodahideki.exblog.jp/

バラエティに富んだ メニューで大人気!!

ほのぼの4コマ「やさい村のいち日」

「パロディ菜園ことわざ辞典」

「コラム」

「ギャグ1本」

「生活ノート」

週に5本くらいのペースで更新中！みなさんぜひアクセスしてください！

よだひでき 講演会のご案内

依田秀輝《よだひでき》

昭和28年3月4日生まれ、山梨県出身。

雑誌、新聞、業界紙などに4コマまんが、ストーリーまんが、イラストなどを執筆中。まんが家歴32年、家庭菜園歴25年。

♪今までの講演会の主催者♪

JA（農協）、各地のPTA、農業普及センター、食生活改善推進員連絡協議会、その他各種サークルなど多数。

♪今までの講演会の開催地♪

神奈川、東京、山梨、福井、新潟、茨城、徳島、福島、栃木、埼玉など各地。

あなたの町・村にも「よだひでき」を!

講演内容

いつも2部構成で行っています。

1部 講演会

「遠くの親戚より近くの他人」
…地域交流の楽しさ、大切さをユーモアたっぷりに話します。また、野菜づくりの楽しさと失敗談などを、生産者と消費者の中間的立場で話します。その他の内容ももりだくさん！！

2部 フォークコンサート（ギターの弾き語り）

笑ってストレスを解消しましょう！
農業をテーマにしたもの、 社会風刺したもの、 家族をテーマにしたもの、コミックソングなどなど、バラエティに富んでいます。

曲目：畑へ行こう／日本全国植物大図鑑／うちの娘は反抗期／うちの娘 は適齢期／100円ショップの女／ハッピー・コレステロール・ロック ンロールなど…

今までとはひと味ちがう…

「楽しい・笑える・そして共感を呼ぶ！」

新しい形の講演会です。

☆お問い合わせは、株式会社ブティック社 編集統括部まで☆
TEL 03 3234 2001／FAX 03-3234-7838

▼前もってこのようなチラシを描いてPRしてもらっています。

著者紹介

よだひでき（まんが家）

見てのとおり、著者の職業は漫画家です。大好きな音楽を聞きながら、また大好きなフィギュアを前にしながら、魂をこめて（？）一筆一筆描いています。


本名：依田秀輝。昭和28年3月4日生まれ、山梨県出身、現在神奈川県在住。

地元ラジオ局深夜放送のDJなどをした後、シンガーソングライターを目指して上京するが、歌唱力、リズム感、ルックス（？）などに問題があり、断念……その後、なぜかまんが家を志し、アルバイトをしながら独学で勉強し、出版社に持ち込みをはじめる。

まさに、フリーターのはしりである。

まんがの方は割と順調に進み、雑誌、新聞など多方面、おもに4コマまんがを発表。その他イラストやストーリーまんがなども手がける。まんが家歴30年以上、出版した単行本も多数。30歳のころから家庭菜園をはじめ、その経験から、これまでに「野菜づくり」「花づくり」の本を多数誌出版。活動の幅を広げる。なお、こども向けの本の「まんが　こどもに伝えたいこと100」「まんがでわかる昆虫・小動物の飼い方」「まんがでわかることわざ150」「まんがでわかる偉人伝 こどもに伝えたい50人のおはなし」（以上ブティック社）なども絶賛発売中。

現在、PTAや農家など、さまざまなサークルや団体を対対象とした講演会も、全国各地で行っている。

参考文献

夢をそだてるみんなの仕事101（講談社）
ただいまお仕事中（福音館書店）
小学生のためのしごと大辞典（竹書房）
しごと館（小学館）
13歳のハローワーク（幻冬舎）
みつけよう個性を生かす仕事シリーズ（リブリオ出版）
その他

協力　キッザニア

★著者サインスペース★

さくいん

看日文漫畫了解職業形形色色150種

定價：300元

2011年（民100） 11月初版一刷
本出版社經行政院新聞局核准登記
登記證字號：局版臺業字1292號

編　　著：依 田 秀 輝
發 行 所：鴻儒堂出版社
發 行 人：黃　成　業
門市地址：台北市中正區漢口街一段35號3樓
電　　話：02-2311-3810
傳　　真：02-2331-7986
管 理 部：台北市中正區懷寧街8巷7號
電　　話：02-2311-3823
傳　　真：02-2361-2334
郵政劃撥：01553001
E-mail：hjt903@ms25.hinet.net

Boutique Mook No.762 Manga de Wakaru Shokugyou Iroiro 150

鴻儒堂出版社設有網頁，歡迎多加利用
網址：http://www.hjtbook.com.tw